中国学位与研究生教育学会课题"校内与校外：硕士研究生的学习体验与成长策略调查研究"的研究成果

"江苏高校优势学科建设工程"经费资助出版

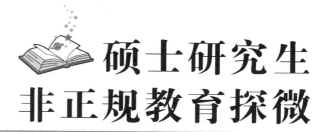

硕士研究生
非正规教育探微

陈何芳　靳　娜　著

中国海洋大学出版社

·青岛·

图书在版编目（CIP）数据

硕士研究生非正规教育探微 / 陈何芳，靳娜著． --
青岛：中国海洋大学出版社，2023.11
　　ISBN 978-7-5670-3706-9

　　Ⅰ．①硕… Ⅱ．①陈… ②靳… Ⅲ．①硕士生－研究
生教育 Ⅳ．① G643

　　中国国家版本馆 CIP 数据核字（2023）第 227023 号

出版发行	中国海洋大学出版社		
社　　址	青岛市香港东路 23 号	邮政编码	266071
出 版 人	刘文菁		
网　　址	http://pub.ouc.edu.cn		
电子信箱	appletjp@163.com		
订购电话	0532-82032573（传真）		
责任编辑	滕俊平	电　　话	0532-85902342
装帧设计	青岛汇英栋梁文化传媒有限公司		
印　　制	青岛国彩印刷股份有限公司		
版　　次	2023 年 11 月第 1 版		
印　　次	2023 年 11 月第 1 次印刷		
成品尺寸	170 mm × 230 mm		
印　　张	11		
字　　数	180 千		
印　　数	1—1000		
定　　价	49.00 元		

发现印装质量问题，请致电 0532-58700166，由印刷厂负责调换。

目录
Contents

非正规教育是一种与学校教育差异巨大的教育类型，表现出各方面的非正规性。硕士研究生在非正规教育中的参与状况鲜为人知。硕士研究生通常会选择什么样的非正规教育？接受非正规教育的目的是什么？得到了怎样的教育与服务？有哪些令人满意或不满之处？有什么插曲或故事？在非正规教育中，学习氛围如何？师生之间以及学生之间的交往如何？在具体学习过程中，硕士研究生做出了哪些努力？遇到了哪些困难与挑战？应对挑战的策略与结果如何？有哪些自我管理的经验与教训？学习感受与学校教育相比有何差异？对于这种学习经历有什么感慨或领悟？最终学习成果对个人发展有什么影响？这些问题都令人好奇，值得开展调查和研究。本书以硕士研究生为调查对象，了解他们在非正规教育中的多方面体验，分析硕士研究生在非正规教育中所面临的学习问题，并探讨可行的对策与建议。

第一章

硕士研究生非正规教育研究概述

　　随着知识经济的发展和互联网技术的普及,我国的"互联网＋教育"获得了蓬勃发展。在以知识为资本的社会中,知识焦虑成为现代人的普遍特征。对于硕士研究生而言,在就业压力和求职竞争的双重困扰下,他们的知识焦虑更加严重,这也为非正规教育的发展提供了绝佳的现实条件。可以说,在当今知识经济和信息化时代,非正规教育日益成为硕士研究生谋求个人发展的一种教育选择。调查和研究硕士研究生在非正规教育中的表现与收获,有利于研究生教育质量和非正规教育质量的双重提升,从而促进硕士研究生基于校内与校外、线上与线下的途径,获得自由而全面的发展。本章针对硕士研究生非正规教育,介绍研究背景、概念界定、研究进展、理论借鉴、研究设计,以期为本书的研究奠定基础。

第一节　研究背景

想要研究硕士研究生非正规教育的状况,必须明确硕士研究生非正规教育的发展背景。任何教育活动的开展,都会受到背景因素的影响,比如教育需求的萌发、现实条件的支撑。这些背景和条件最终让教育活动得以成为现实。在介绍背景的基础上,还需要分析硕士研究生非正规教育研究的意义。

一、硕士研究生非正规教育的发展背景

非正规教育,通俗地讲,是来自社会而非学校的、有组织、有系统的教育项目。它不是非学历教育,也不是非正式教育,其特点是在学校之外有目的、有计划地开展教育活动。非正规教育在中小学非常普遍,"报辅导班"就是其中最主流的一种形式。非正规教育在大学中也存在。比如,对于硕士研究生而言,他们的课业不像本科生那样繁忙,有更多的课余时间可自由支配;他们的学习能力更强,更可能借助非正规教育获得休闲体验,或者涉猎其他领域的知识技能。除了这些原因,硕士研究生选择非正规教育,还有政策、技术、社会和个体等多种因素影响,值得进行全面分析。

(一)遵循政策导向

终身教育和学习型社会理念在国家政策中得到了体现。终身教育的首倡者是法国教育家保罗·朗格朗,他在 1965 年以联合国教科文组织成人教育局局长的身份,在国际成人教育会议上提出了该理念,在世界各国教育界引起了广泛讨论。终身教育在提出至今的近 60 多年里,成为引领社会进步、提高全民素质的重要指导思想。世界各国先后以终身教育理念指导本国的教育方针政策,甚至直接以政策规章的形式来推广终身教育。比如,1976 年联合国教科文组织在内罗毕会议上通过了《关于发展成人教育的建议》,指出成人教育是终身教育体系的组成部分;教育不限于学校阶段,而应扩大到人生的各个方面、各种技能和知识的领域。[①] 美国设立了终身教育局,并于 1976 年颁布了《终身学习法》。日本也在 1988 年设立了终身学习局,于 1990 年颁布了《终身学习振兴整备法》。可

---

① 史志谨,李彦平. 终身教育理念下我国"成人教育"概念的发展与建构 [J]. 当代教师教育,2010(2):79.

以说,构建终身学习体系和学习型社会已经成为国际社会的共识,成为世界教育发展的重要目标。2015年,第38届联合国教科文组织大会再次重申了终身教育理念,在《教育2030行动框架》中提出了"确保包容、公平的优质教育,促进全民享有终身学习机会"的总体目标。[1]2010年,我国在《国家中长期教育改革和发展规划纲要(2010—2020年)》中提出,"到2020年,基本实现教育现代化,基本形成学习型社会,进入人力资源强国行列"[2]。2017年,党的十九大报告明确提出,"办好继续教育,加快建设学习型社会,大力提高国民素质"[3]。在教育形式日益丰富的今天,终身教育与学习型社会具备了发展的沃土,人们接受终身学习的机会越来越多,硕士研究生选择非正规教育也是其中的一种体现。

(二)具备技术条件

"互联网＋教育"顺应和利用了新时代的科技潮流。自人类进入信息时代以来,信息技术获得了极大的发展,大数据、物联网、移动互联、云计算以及3D打印技术的出现,使得互联网通过技术延伸至各行各业,渗透到生产实践的各个环节中,极大地提高了社会生产力。面对这种发展趋势,我国提出"互联网＋"的理念,并在2015年政府工作报告中首次提出了"互联网＋"行动计划,以推动移动互联网、云计算、大数据、物联网等与现代产业的创新性融合。由此,"互联网＋教育"应运而生,体现出产业升级的成效。2021年,中国互联网信息中心(CNNIC)发布的第48次《中国互联网络发展状况统计报告》显示,截至2021年6月,中国在线教育用户规模达3.25亿人,较2020年12月减少1678万人,在网民整体中占比32.1%。[4]用户减少可能是因为随着2021年5月国家"双减"政策的出台,面向中小学生的校外在线培训开始减少,网络培训的头部企业加速向成人教育和智能硬件领域渗透。"据了解,狭义的在线教育定义为基于网络的学习行为,是将知识内容转移到互联网上,实现教育活动的在线化的教学方式。按教学阶段可分为学前教育、K12教育、高等教育、职业教育等。而广义上的在线教育还包括知识付费、

① 杜瑛. 构建以学习者为中心的终身学习体系 [N]. 中国教育报, 2018-7-12 (7).
② 杜瑛. 构建以学习者为中心的终身学习体系 [N]. 中国教育报, 2018-7-12 (7).
③ 杜瑛. 构建以学习者为中心的终身学习体系 [N]. 中国教育报, 2018-7-12 (7).
④ 刘育英. 上半年中国在线教育、网络游戏用户规模下降 [EB/OL]. (2021-08-27) [2023-8-15]. https://www.jl.chinanews.com.cn/hyhc/2021-08-27/168977.html.

在线阅读等。在用户方面，2020 年中国在线教育用户规模约 3.42 亿人，比 2019 年增长 27.13%。"① 虽然不同调查的数据略有出入，但"互联网＋教育"的潮流势不可挡，硕士研究生非正规教育中的线上教育，显然也是其中的一部分。

知识付费行业推动了非正规教育的发展。根植于"互联网＋教育"的知识付费行业，在人们旺盛的求知需求下也得到了蓬勃发展。2016 年被称为"知识付费元年"，随着得到、知乎 live、喜马拉雅 FM 等知识付费服务商的出现，知识付费成为经济发展业态新秀。② 知识付费的本质，在于把知识变成产品或服务以实现商业价值，同时让知识的接受者付出相应的成本。对社会来说，知识付费是新发展理念在知识经济时代的重要体现，对于引领积极向上的网络文化和全民学习的社会文化发挥着重要作用。对个体来说，知识付费有利于人们高效筛选信息，付费的同时也激励优质内容的生产。在内容丰富、繁杂的教育平台上，学习可以随时随地发生，具有极大的灵活性、便利性和个体适应性，知识的获取变得极为便利。非正规教育也因此获得了蓬勃发展，通过形式创新和数量拓展，实现了质量与规模的双重提升。硕士研究生各种内容和形式的"买课学习"也属于非正规教育，体现出教育形式的与时俱进。

（三）满足社会需求

知识社会刺激了知识资本竞赛。随着生物技术、人工智能、纳米技术等新技术的产生与应用，新生知识在推动社会进步、促进人类发展方面获得了前所未有的中心地位。正如联合国教科文组织所说，"随着第三次工业革命，即新技术革命所带来的变革，新的动力产生了"。这个"动力"即知识，也意味着人类进入了知识社会。彼得·德鲁克在其《后资本主义社会》中指出，人类社会正在进入知识社会。在知识社会中，知识资本是企业最重要的资源，受过良好教育的人是社会的主流，财富的积聚、经济的增长、个人的发展，均以知识为基础。③ 由此，彼得·德鲁克提出了"学习型社会"的概念。在我国，面对社会突飞猛进的发展，人

---

① 人民网人民数据.《2020 年度中国在线教育市场数据报告》:2020 年中国在线教育市场规模约为 4328 亿元 [EB/OL].（2021-05-22）[2023-8-15]. https://baijiahao.baidu.com/s?id=1700422393295776189.

② 国家信息中心. 中国分享经济发展报告 2017[EB/OL].（2017-03-02）[2023-8-15]. http://www.sic.gov.cn/sic/83/260/0302/7730_pc.html.

③ 转引自王文晔. 创新教育初探 [J]. 河北师范大学学报:教育科学版,2000（4）:106.

们的知识焦虑日益增长。特别是在网络信息发达的今天,网络技术加快了信息传递速度,信息传递成效也凸显了人与人之间的差距。人们的知识越来越丰富,却越来越面临成长与发展的焦虑,不断催生人的发展需求。在这种背景下,硕士研究生选择心仪的非正规教育开展学习也是顺理成章之事,是顺应社会发展需要的一种应激性行为。

(四)促进个体成长

从 1999 年高等教育大扩招以来,我国就业市场一直备受挑战,人才高消费、人才结构不合理成为就业市场中的突出问题。特别是在最近几年,"学无所用""大材小用"等新闻常常出现在人们视野中。大众在感慨"知识无用"的同时,也普遍对"专业选择"充满警惕。一些网络媒体趁机开展分专业的就业率排行榜,使其成为学生选择专业的重要参考依据。可以说,在当今社会,竞争激烈的就业市场给学生及家长造成了巨大的就业压力,并影响了学生的专业学习。此外,从最近几年的招聘模式来看,就业市场在一定程度上逐渐从"唯学历""唯名校"的品牌效应中走出,日益关注毕业生的实际能力。大学生也开始注重提升自身的求职竞争力,更加关注全面发展,以兼顾专业能力与综合素养的修炼。一场教育"自救"之风在学生群体中悄然兴起,接受非正规教育成为一种有效的途径,在一定程度上有利于弥补"选错专业"或"能力薄弱"带来的缺憾。

总之,硕士研究生接受非正规教育不仅仅是个体行为,也受到各种背景因素的综合性影响。全球的终身教育趋势和学习型社会的发展为其提供了政策导向;"互联网+教育"和知识付费行业兴起为其提供了技术支持;知识社会和知识焦虑向其传达了社会需求;就业压力和职场竞争为其提供了个体动力。微观动因和宏观背景的结合,促进了硕士研究生非正规教育的蓬勃发展。

"硕士研究生非正规教育的发展背景"思维导图如图 1-1 所示。

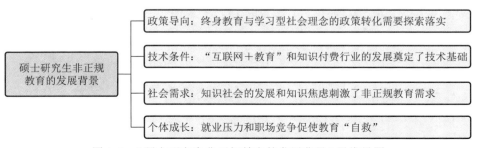

图 1-1　"硕士研究生非正规教育的发展背景"思维导图

二、硕士研究生非正规教育的研究意义

硕士研究生接受非正规教育看起来门槛低、效率高、能满足多种需要,但其效果是否令人满意、有没有问题与缺陷,还需要开展调查才能进行研判。研究硕士研究生接受非正规教育的体验,既有以非正规教育为研究对象的意义,又有以学习体验为研究视角的价值,可以从"拓展""平视""换位""建构""解释""解决"等关键词入手,全面展示其研究意义。

(一)拓展研究内容

研究硕士研究生接受非正规教育的体验具有从"典型"到"非典型"的研究内容拓展意义。就目前国内的研究现状来看,针对非正规教育的研究体现出强烈的实践导向。大多数研究者关注某一特定领域的研究,比如科学教育领域、汉语教学领域。而在非正规教育的非典型领域,相关的研究则很少。这反映了人们的某种成见或者视角盲区,只看到在科学教育和汉语教学中较多采用非正规教育,而忽视了非正规教育的普遍性,没有关注到它在小众领域的存在。同时也说明,非正规教育的理论研究较为薄弱,尚未覆盖更为广泛的领域,滞后于当前的现实发展。而硕士研究生非正规教育研究以硕士研究生为观察对象,以其所选的学习内容为分析案例,从"受教育者"和"受教育内容"两方面拓展了非正规教育研究对象和内容。

(二)转换研究视角

研究硕士研究生非正规教育具有从"教育方"到"学习方"的研究视角转换意义。目前我国学术界关于非正规教育的研究,基本上都体现为"教育方"视角,关注的是自上而下地设计和实施教育,重视非正规教育工作体系研究。这种自上而下的俯视,往往会忽略"学习方"视角,导致对非正规教育中教与学的具体过程缺乏研究,不能从理论上引领非正规教育在学习层面的质量提升。而硕士研究生非正规教育研究彰显了"学习方"视角,变俯视为平视,利于从学生的认知层面进行拓展,为提升非正规教育中学生的学习质量奠定认识论基础。

(三)扩充学生角色

研究硕士研究生非正规教育具有从"受教育"到"教育消费者"的教育服务换位意义。在实践层面,我国非正规教育普遍注重教育机构卖方市场,不够关注教育

消费者买方市场的发展趋势,在理念变革方面较为滞后。非正规教育作为正规教育的额外补充,具有更强的自主选择性,理应凸显教育消费者的主体地位。但在实践中,作为教育消费者的学生,其发言和表达机会依然不足。教育是教与学的双边活动,学生是教育的直接参与者与受教者,不重视"学生中心"的教育,质量提升必然存在局限。本书将学生作为访谈调查的主体,关注学生在教育过程中的体验状态,彰显"以学生为本"和重视"教育消费者"等理念。这样的观念革新,有利于为非正规教育的质量提升奠定理念基础。

(四)建构系统框架

研究硕士研究生非正规教育具有从"工作研究"到"学习研究"的分析维度建构意义。基于前文所述的非正规教育研究的实践导向,该领域的研究存在理论性偏弱的缺点,很少有系统的分析框架。现有尚不多见的理论研究大多侧重制度和模式方面的研究,注重对国外相关制度和模式的借鉴与移植。但这样的研究关注的是教育工作如何开展,通常基于教育机构视角来讨论宏观层面的体制和机制问题,很难深入具体地揭示微观层面的现实状况。而硕士研究生非正规教育研究立足于学生的体验视角,全面呈现硕士研究生在非正规教育中的动机体验、条件体验、制度体验、交往体验、困境体验、策略体验和质量体验,在内容上具有全面性和系统性。

(五)聚焦机制分析

研究硕士研究生非正规教育具有从"学习行为"到"学习体验"的学习机制解释意义。非正规教育和正规教育的特殊性和共通性都利于解释学生如何学习。本书通过质性访谈调查硕士研究生的非正规教育状况。他们作为社会的新生高层次人才,具有极强的个人提升需求,接受非正规教育的概率更大。通过调查硕士研究生在非正规教育中的教育选择、外在环境和个人投入等方面的体验,能够基于具体个案,分析非正规教育中的动机问题、条件问题、制度问题、交往问题、困境问题、策略问题和质量问题。不同学习者的个案以及不同学习内容的个案,能够全面反映个体体验,加强对于个体学习的展示与解析,为读者提供有关学习的间接经验。

(六)丰富对策建议

研究硕士研究生非正规教育具有从"个体改进"到"系统保障"的质量难题

解决意义。一方面是探寻"个体改进"的策略。结合访谈对象在教育经历中的困难情境、失败教训和成功经验，在综合分析的基础上，提出非正规教育的个体改进策略，以帮助学生在非正规教育中获得更好的体验和更大的成长。另一方面是探究"系统保障"策略。通过完整而系统的访谈，剖析硕士研究生在非正规教育中的种种体验，明确非正规教育的质量影响因素。比如，硕士研究生在非正规教育中的质量体验，可能涉及虚假宣传、诱导营销、服务缩水等消费体验；所开展的质量缺陷调查，能够发现政府监管、机构运行、教与学等层面存在的现实问题。由此也能进一步探讨硕士研究生在非正规教育中的自我质量保障策略和外在质量保障策略。这样就可从不同层面和角度探讨相应的质量保障策略，有利于推动我国非正规教育的健康可持续发展。

"硕士研究生非正规教育的研究意义"思维导图如图1-2所示。

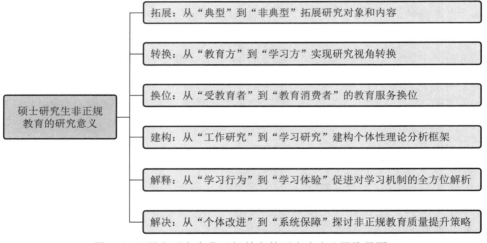

图1-2 "硕士研究生非正规教育的研究意义"思维导图

第二节 概念界定

要对硕士研究生非正规教育进行研究，必须厘清一些基本概念。一方面是界定"非正规教育"，明晰它与非学历教育和非正式教育的异同；另一方面是界定"体验"，明确它所指代的具体内容以及所承载的研究目标。

一、非正规教育与非学历教育、非正式教育的区别

"非正规教育""非学历教育"和"非正式教育"是三个容易混淆的概念,需要基于一定的框架辨析其相同与不同之处。

(一)非正规教育

美国学者菲力浦·孔布斯是非正规教育的最早倡导者。他在 20 世纪五六十年代提出,非正规教育不是一个与正规教育相平行的、清楚而独立的教育体制。非正规教育的含义是:任何在正规教育体制之外所进行的,为人口中的特定类型、成人及儿童有选择地提供学习形式的有组织、有系统的活动。非正规教育包括很多内容,例如,农业教育和农民培训计划,成人识字计划,在正规教育以外所进行的职业技能训练,具有教育性质和目的的青年俱乐部以及有关卫生、营养、合作团体等各种社区教学计划。① 菲力浦·孔布斯从非正规教育对象的角度对非正规教育做了阐释。

欧洲委员会认为,非正规教育是发生在正规教育体系之外的没有固定构成的教育活动,通常由国家提供和支持,有初级到高级的等级划分。非正规教育具有两大特点:一是教育活动发生在正规教育体系之外,二是通过参与非政府组织的活动获取经验。②

日本学者市川昭午认为,非正规教育是指学校教育以外有组织的教育活动。这种非正规教育具有以下特征:第一,处于固有的正规教育或者说正规的学校教育体系之外;第二,是彻底的、有目的的教育活动,因而不同于通过接触环境及人生经验和社会经验的"偶发性学习";第三,是有形的、有组织的教育活动,这有别于家庭教育和无组织、不成形的非正式教育。在这个意义上,从一切学习中排除学校教育、非正式教育、偶发性学习之后,剩下的就是非正规教育。③

我国学者主要从"正规教育的反面"来认识非正规教育。其中有代表性的是张明礼的观点。张明礼认为,正规教育相当于当今学校教育中的学历教育,而非

---

① 〔美〕菲力浦·孔布斯 . 世界教育危机:八十年代的观点 [M]. 赵宝恒,李环,等,译 . 北京:人民教育出版社,1990:100.

② 徐林 . 非正规教育面临的问题和挑战 [J]. 中国青年研究,2005(9):14.

③ 转引自〔日〕平冢益德 . 世界教育辞典 [M]. 黄觔诚,夏风鸾,等,译 . 长沙:湖南教育出版社,1989:107.

正规教育是相对于正规教育而言的,指在正规教育体制以外所进行的有目的、有计划、有组织的教育和培训活动。非正规教育以学校或其他教育机构为依托,需要教育场地,但不如正规教育那样严格;有人才培养目标,但比正规教育更灵活;有教师和学生,但不如正规教育那样固定;有一定的教学周期,但不如正规教育那样稳定。[①]

可见,目前学术界普遍将非正规教育作为"正规教育的反面"来认识,它具有目的性、组织性、系统性以及灵活性等特点。但是在关于非正规教育的具体研究中又存在概念混淆的问题,"非正规教育"与"非学历教育""非正式教育"的概念经常出现交叉混用的现象。造成这种状况的原因之一,是学术界对概念的理解存在广义和狭义之分,由此造成对非正规教育的认识两极分化。一种是将非正规教育看成广义的"学校教育的反面",认为只要区别于学校教育就是非正规教育;另一种是将非正规教育看成狭义的"学校教育的反面",具有更多、更严格的规定性。相对而言,狭义的理解更加科学,有利于提高学术研究的针对性和精准性,更像是学术概念而非生活概念。所以,非正规教育可以理解为:学校教育之外的,面向全体有学习欲望者的,有目的、有计划、有组织的系统性教育活动。例如,校外私人组织开办的兴趣班或技能培训班、线上付费或免费的课程。非正规教育的活动空间可以是线上,也可以是线下;非正规教育的载体形式可以是校外的兴趣班或培训班,也可以是活动于校内但非学校实施的课程或教育;非正规教育的内容可以是系统组织好的德、智、体、美、劳等领域的教育,也可以是能够促进学习者身心和谐发展的学科或非学科领域的知识或技能。

(二)非学历教育

庞本认为,高校非学历教育包括继续教育、岗位培训、任职资格培训、出国留学培训、求职就业辅导、升学深造、考前辅导等。[②]陈双、刘小娟认为,高校非学历教育主要是指发生在高校的培训、进修和陶冶教育等,不能被授予学历证书,不属于国家统一学制范围内。[③]王慧认为,非学历教育是由普通高等学校的成人教育学院或继续教育学院、网络教育学院等开展的,面向成人(主要是在职从业人

① 张明礼.科学认识非正规教育和非正式教育的地位和作用[J].中国成人教育,2000(3):7.
② 庞本.浅谈高校非学历教育的管理[J].北京教育:高教版,2003(6):44-45.
③ 陈双,刘小娟.发达国家高等非学历教育的发展特点及其启示[J].比较教育研究,2009(11):71-75.

员)的,不授予学位学历的继续教育或培训项目。[①]

在我国语境之下,非学历教育特指面向成人的知识性和技能性培训,它与能授予学历的学校教育相对立。从这个意义上说,非正规教育与非学历教育在"学生"和"学校"方面具有明显区别。在"学生"方面,非正规教育不限定学习者的年龄和学历等身份特征,但非学历教育特指成人的继续教育。在"学校"方面,非正规教育的办学主体往往不是政府,主要由个人和组织等社会力量举办;而非学历教育的办学主体往往是普通高校,由政府举办。

(三)非正式教育

张明礼指出,非正式教育是指个人从社会经历和生活环境中学习知识、提高技能、增强修养的活动过程。非正式教育在学校外进行,活动的主体是受教育者,活动的方式主要是自学和潜移默化。非正式教育具有随机性、自发性和广泛性,没有固定的场所、明确的教师、稳定的周期,也没有明确的学习目标。人们在工作和生活中通过电影、电视、广播、书刊、报纸,或者通过参观、访问、交往等一切感知渠道,自觉或不自觉地开展学习的过程,都属于非正式教育。[②]因此,非正式教育立足于广义的"教育"视野,只排除学校教育,其他具有教育"意蕴"的活动都可算作非正式教育。

陈乃林与孙孔懿认为,所谓非正式教育,一般是指在工作和日常生活中进行的教育,即每个人从日常经验和生活环境——家庭、工作、娱乐中,从家人和朋友的榜样和态度中,通过旅游、读报、看书、收听广播、收看电视,学习和积累知识、技能,形成一定的态度和价值观念。这种教育具有潜在性、弥散性、随机性等特点。[③]

由此可见,非正规教育与非正式教育最大的区别在于教育的组织性和教育主体。非正规教育具有较强的组织性,是有目的、有计划的系统教育活动;而非正式教育具有极大的随意性、生活性,具有无组织、无计划和潜移默化等特点。在教育主体方面,非正规教育主要还是"教与学的双边活动",而非正式教育则将

---

① 王慧. 我国高校成人非学历教育管理模式的探讨 [J]. 中国成人教育,2014(15):30–32.

② 张明礼. 科学认识非正规教育和非正式教育的地位和作用 [J]. 中国成人教育,2000(3):7.

③ 陈乃林,孙孔懿. 非正规教育与终身教育 [J]. 教育研究,2000(4):20–21.

侧重点放在"学的活动"上,其教育主体主要是受教育者本身。

总之,"非正规"凸显"不够规范","非学历"强调"不算学历","非正式"强调"不拘形式"。在此可以用表 1-1 来简要呈现非正规教育与非学历教育、非正式教育的区别。

表 1-1　非正规教育与非学历教育、非正式教育的区别表

区别方面	非正规教育	非学历教育	非正式教育
学习场所	不固定,但在教与学双方协同商议的时间和空间中进行	固定场所	完全不固定,具有极大的随意性
学习时间	可固定,也可灵活选择,视学习的空间而定	固定时间	无固定时间
学习对象	全体有学习欲望的学习者	成人,主要是想要提升生存技能的学习者	无固定对象
学习内容	有计划、有目的,经过精心组织	有计划、有目的,经过精心组织	无计划、无目的,无精心组织,具有随意性
实施机构	个体或群体或政府开设的课程项目或机构等	主要是政府举办的各类教育机构	无固定机构
教育主体	教育者与受教育者	教育者与受教育者	受教育者
常见形式	实体兴趣班、知识与技能培训班以及线上课程等	继续教育、开放大学等	社会各类场馆等提供的科普或公益教育等,阅读、旅游、交友等

"非正规教育与非学历教育、非正式教育的区别"思维导图如图 1-3 所示。

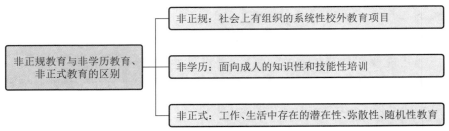

图 1-3　"非正规教育与非学历教育、非正式教育的区别"思维导图

二、"体验"作为研究的切入点的丰富内涵

"体验"与"经验"是类似的概念,英文都可以翻译为 experience,但"体验"

的含义更为丰富,不同学科有不同的侧重点。

(一)语言学强调在实践中亲历和感知

作为日常概念的"经验"和"体验"具有共通性。"经验"和"体验"是日常生活中比较常见的两个概念,二者具有密切的联系。在英文中,这两个词语是同一个词;在汉语中,二者也具有一致的含义。"体验"一词,最早是狄尔泰的用语,是指生命进程的"过去"作为某种力量,对"现在"产生影响的最小单位。[①]《辞源》对"体验"有两种解释:一是"领悟""体察""设身处地";二是"实行""实践""以身体之"。[②] 这两层意思既有区别又有联系,前者主要指内部心理感受,后者主要指外部亲身经历。《现代汉语词典》(第7版)对"体验"的解释是:"通过实践来认识周围的事物;亲身经历。"常见的与"体验"意义相近的词语有"体会""感悟""经验""感受"等。可见,在人们的日常概念体系中,"体验"是指在实践中认识事物、感受事物,或者是指外界事物与情境引起了"我"的感受。亲历性与感知性是"体验"的核心特征:它是个体对实践经验的亲历,也是人们在现有认知水平上对客观实践与事物的主观感受。而在学术领域,"体验"在不同学科具有不同的内涵,值得关注的是哲学、心理学、经济学和教育学对"体验"的阐释。

(二)哲学关注主体和客体的多种关系状态

作为哲学概念的"体验"强调主体与客体之间的关系状态。在哲学家看来,体验是指生命体验,体验是人的存在方式,它具有本体论意义。其中狄尔泰、帕格森、齐美尔、海德格尔等人对生命体验的研究最有影响。[③] 例如,狄尔泰认为:"我们的生命之船仿佛航行在一条川流不息的河流上,每一个这样的瞬间都包含着实践的三维特性——过去、现在和未来在此相互生成。每一次的体验(瞬间)都是生命的充盈和丰满。"[④] 可见,哲学家把体验视为一种生命,"体验"是对生命不断充实和丰满的过程。体验是指通过实践来认识周围的事物,是主体和客体之

① 张鹏程,卢家楣. 体验概念的界定与辨析 [J]. 心理学探新,2012(6):489.

② 转引自张相乐. 论作为心理学概念的体验 [J]. 长江大学学报:社会科学版,2008(2):111.

③ 陈佑清. 体验及其生成 [J]. 教育研究与实验,2002(2):11.

④ 转引自〔德〕威廉·狄尔泰. 历史中的意义 [M]. 艾彦,逸飞,译. 北京:中国城市出版社,2002:52.

间的一种活动，是知识、情感、意志、行为各方面的亲身经历，或者是指个体生命存在的一种方式。伽达默尔认为，体验是"内在于人的身体并改变人的身体存在形态的经验"。这里的"体验"不再强调主客体的分离和对立，而强调外界经验是人类生活方式的重要组成部分，甚至是不可分割的部分。[①] 可见，经验和体验的显著区别就是主体和客体关系，前者是"主客二分"，后者是"主客融合"。经验是指人们在同客观事物直接接触的过程中，通过感觉器官获得的对客观事物的现象和外部联系的认识，是客观事物在人脑中的反映。简单来说，经验是一种生活经历，是生物学意义上或者是社会学角度的经历。但是，有时经验不仅仅包括纯粹经历性的事件，也包括主体在经历过程中生成的感受、体会与情感，那么这个时候，体验就产生了。所以，体验是经验的特殊形态。展开来讲，经验指向的往往是真理和常识的世界，它预设主体和客体之间是相互对立的；体验则是一种认识和领悟，强调"以身体之，以心验之"。体验指向的是精神世界，是个体的知、情、意与外在的自然环境和社会文化环境形成具有统一意义的实在，强调主体和客体的统一。[②]

（三）心理学分析心理活动以及情感体验

作为心理学概念的"体验"强调心理活动和情感体验。人们谈到情感一般要讲体验，离开了体验，情感或情绪问题根本无从谈起。在美学中，"体验是读者在观赏和享受美时产生的深层的活生生的令人沉醉痴迷而难以言说的特殊的内心感受，伴随着紧张而剧烈的内部活动、丰富活跃的想象、热烈欢乐的情感"[③]。这里的"体验"指的是主体在欣赏外部美的事物时所产生的感受，往往伴随有欢快的情感。在文艺学中，体验是指作家和艺术家通过亲身经历、尝味、思考和探索而对周围事物产生的认识。[④] 人类的体验包括各种各样的情感，如骄傲、尴尬、羞愧、陶醉、失望、欢乐、沮丧、喜爱、憎恨，还有日常琐碎的经历带来的感受。[⑤] 可见，心

---

① 〔德〕伽达默尔. 真理与方法［M］. 王才勇，译. 沈阳：辽宁人民出版社，1987：84-85.

② 童庆炳. 经验、体验与文学［J］. 北京师范大学学报：人文社会科学版，2000（1）：92-99.

③ 王一川. 审美体验论［M］. 天津：百花文艺出版社，1992：125.

④ 薛锋，王学林. 简明美术辞典［Z］. 哈尔滨：黑龙江人民出版社，1982：19.

⑤ 〔德〕Andy Polaine，〔挪威〕Lavrans Lovlie，〔英〕Ben Reason. 服务设计与创新实践［M］. 王国胜，张盈盈，付美平，等，译. 北京：清华大学出版社，2015：147.

理学的"体验"具有自我概念的引申含义,是人的一种特殊的心理活动,包含了感受、理解、联想、情感、领悟等心理因素。[①]

(四)市场营销学强调用户体验决定用户黏度

作为市场营销学概念的"体验"强调的是用户体验。此时的"体验"是指消费者基于已有知识或经验,对亲身经历的感觉和评价,涉及情感认知、思考、行为等一系列心理反应。[②]可见,市场营销学中的"体验"含有建构主义的身影,是用户针对自身消费的效果和功用等产生的感受和评价。我们在日常生活中经常体验各种服务,对于提供服务的个人或组织而言,他们有意愿提供有效的服务,提高资源的利用效率,满足客户多方面的需求。[③]因为用户体验决定了用户黏度,良好的体验能增强用户对于品牌或产品的忠诚度和信任度,进而对产品形成依赖,产生再消费的期望。鉴于体验的重要意义,商业领域提出了"体验经济"的概念,倡导加强客户体验管理,比如预见问题产生、优化客户运营、完善服务流程、创造客户价值。客户真实需求的达成度,决定了企业的竞争优势和获利能力。

(五)教育学探讨过去对现在产生的影响

作为教育学概念的"体验"强调过去具有教育性价值。体验具有个体性,强调体验也就强调了个人在教育中的核心意义。个人既是群体、组织、国家和社会的最小单位,也是教育的最小单位,即教育中不能割裂人的不同侧面,而要做"个人之内的系统性考虑"。比如从时间的教育性来讲,个人的过往经历会影响现在和未来;从空间的教育性来讲,空间变换会带来个人视角的转变和阅历积累;从人际的教育性来看,人生不断"遇见他人"也都蕴含着正面或负面的"榜样"示范价值;从"经事"的教育性来看,所谓"经事长志,历事成人",做事具有修炼功力和修养内心的意义。仅从时间、地点、人物、事情来看,经验都是很好的教育素材;再加上体验的体察性和内省性,更能保证教育素材的内涵拓展与内化吸收。

总之,"体验"比"经验"含义更加丰富:语言学突出其亲历性和感知性;哲学强调其主体性和客体性;心理学描述其生理性和情感性;市场营销学挖掘其问责

---

① 陈佑清.体验及其生成[J].教育研究与实验,2002(2):11.

② Holbrook M B, Hirschman E C. The Experiential Aspects of Consumption: Consumer Fantasies, Feelings and Fun[J]. Journal of Consumer Research, 1982, 9(2):132-140.

③ 温韬.营销问题[M].北京:商务印书馆,2012:9.

性和改进性；教育学凸显其素材性和建构性。不同学科视角展示了"体验"概念的丰富内涵，彰显了学习体验研究的意义和价值。

"体验作为研究的切入点的丰富内涵"思维导图如图 1-4 所示。

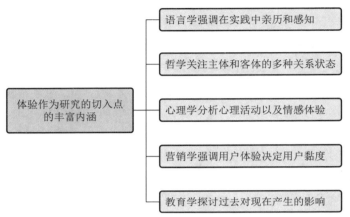

图 1-4 "体验作为研究的切入点的丰富内涵"思维导图

第三节　研究进展

本节介绍就读经验与学习体验研究有何区别以及非正规教育研究有何进展与缺陷。

一、就读经验与学习体验研究的区别

在学习研究领域，"就读经验"和"学习体验"是两个近似的概念，在英文中都是 learning experience，但二者具有不同的研究侧重。经过近年来学习研究的持续推进，"就读经验"已经成为一个使用频率较高的概念。相形之下，"学习体验"的使用率较低，有必要对二者进行一定的辨析，以凸显"学习体验"研究的现实价值。

（一）研究层次的高低

"就读经验"与"学习体验"的概念在英文和中文语境中具有差异。关于大学生"就读经验"的概念，国内比较权威的解释是学生对自身与大学环境中的人、事、物所发生的交互作用的认识和体验,侧重的是学生在高校学习期间参与课内和课外活动的经历。① 而与这个术语极其相似的"学习体验","美国教育改革术语表"(The Glossary of Education Reform)给出的解释是:"学生在学习过程中与课程、教学活动、教学交互、学习环境等接触所产生的体验。"② Learning experience 被翻译为"就读经验"或"学习体验",就有了中文含义的差异。"就读"一般表示"与学校相关","学习"通常表示"与学习相关"。但在当下学习型社会背景下,"在学校就读"既包含学习又不限于学习,还有很多非学习的生活空间;"学习"既包含校内又不限于校内,学校之外也有众多可供学习之处。可见,"就读"和"学习"的现实含义都较为宽泛,无须过分关注两个概念的外延大小,而应关注其研究视角的差异。"就读"彰显的是"学校"视角,是从区别于"政府"和"个体"的中观层面和学校组织层面来"俯视"学生的学习;而"学习"彰显的是微观"个体"视角,是研究者"平视"学生的学习,探究具体的过程与机制。就读经验研究更关注组织改进,而学习体验研究更注重自我反思和个体调适。当然,两种研究在内容上有很多交集之处,都会涉及课程学习、校园活动、师生关系和伙伴交往等方面。

(二)研究方法的侧重

就读经验的相关研究以实证调查为主。20 世纪 60 年代,美国教育界通过大规模问卷调查开展了有关就读经验的各种相关研究。比较著名的调查项目有印第安纳大学的"大学学习经验调查"(College Student Experiences Questionnaire,CSEQ)和"全美大学生学习性投入调查"(National Survey of Student Engagement,NSSE)。英国最有代表性的是"全国学生调查"(National Student Survey,NSS)。我国有关就读经验的研究起步较晚,但是也取得了一定的研究成果。比如,北京师范大学的周作宇教授 2001 年将佩斯的 CSEQ 问卷进行汉化和修订,形成了《中国大学生就读经验问卷》。③ 以史静寰和罗燕为代表的清华大学教育科学研究院教师对"全美大学生学习性投入调查"(NSSE)问卷进行了汉化并修订,成为"中

① 周作宇,周廷勇. 大学生就读经验:评价高等教育质量的一个新视角[J]. 大学:研究与评价,2007(1):27-31.
② The Glossary of Education Reform. Learning-experience[EB/OL]. (2016-04-02)[2023-8-15]. https://www.edglossary.org/learning-experience/.
③ 周作宇,周廷勇. 大学生就读经验:评价高等教育质量的一个新视角[J]. 大学:研究与评价,2007(1):27-31.

国大学生学习投入调查"问卷(NSSE-China)。① 北京大学教育学院的闵维方和文东茅主持了"首都高校学生发展调查"项目。② 当前这种基于问卷的量化研究更加普遍,其研究方法简单易操作,更加适应大数据时代的技术发展趋势和现实需要。

针对学习体验,研究者一般采用质性方法开展研究。比如,朱琳运用访谈法和观察法对小学生的课堂学习体验进行研究,认为影响因素有性格、习惯、教师、自信心、兴趣、教师的关注度。③ 周神珍运用观察法、访谈法和自由作文等质性研究方法,对 S 中职院校的 200 名女生进行了研究,从课堂学习、自主学习、考试和学习环境四个维度,揭示了 S 中职院校的学习体验现状。④ 李金慧对视觉障碍大学生的课程学习参与、课外活动参与、人际交往等进行了质性研究,展示了视觉障碍大学生在参与校园活动、享用大学支持服务及自我发展过程中的内心体验与评价。⑤ 乔俊鸽采用个案访谈的形式,对一名农村籍重点大学的大学生进行研究,发现社会结构通过自我认知结构对个体行为产生影响。如果内化过程发生了不合理的心理偏差,很容易给个体带来沉重的心理压力,使其在行动上进行自我设限。⑥ 彭易采用深度访谈法,对上海市三所高校的 15 名护理学专业学位硕士研究生进行访谈,发现其学习体验既包括现实与期望不符(如报考时曾满怀期待,就读后存在心理落差),也包括心理负荷过重,存在不确定感、被看低感、被忽视感、缺乏归属感、焦虑感、无奈感、负疚感。⑦ 这些质性研究与社会学和人类学的研究方法较为类似,所揭示的问题更加具体和鲜活,研究更能体现出个体性和差异性。

---

① 史静寰,涂冬波,王纾,等. 基于学习过程的本科教育学情调查报告 2009[J]. 清华大学教育研究,2011(4):9-23.

② 鲍威. 未完成的转型——普及化阶段首都高等教育的人才培养与学生发展 [J]. 北京大学教育评论,2010(1):27-44.

③ 朱琳. 小学生课堂学习体验研究 [D]. 长春:东北师范大学,2008:24-27.

④ 周神珍. S 中职学前教育专业女生学习体验的个案研究 [D]. 南昌:江西师范大学,2014:13-31.

⑤ 李金慧. 视觉障碍大学生就读经验研究 [D]. 上海:华东师范大学,2011:18-56.

⑥ 乔俊鸽. 文化适应:农村籍男性大学生重点大学就读体验研究 [J]. 煤炭高等教育,2015(1):121-125.

⑦ 彭易,程云,钟亚萍. 护理学专业学位研究生就读体验与应对的质性研究 [J]. 中华护理教育,2011(8):339-342.

（三）主客观性质的强弱

就读经验和学习体验研究的区别来源于经验和体验的区别。经验是体验的基础，无经验则无体验；体验是经验的拓展，也是新经验的重要组成部分。经验是体验的对象，它是客观存在的，立足于事实世界；而体验与自身因素密切相关，具有主观性和建构性。基于建构性，个体可以通过个性化的活动，重新感知和界定已有经验。即使是相同的经验，也会因为个体及其他因素的变化而发生改变，形成新的经验和体验。总体而言，经验可以深化或升华为体验，体验又可以成为新的经验，二者形成密切联系的循环，通过"经历和体会促进学习"而实现教育效果的迭代升级。基于经验和体验的区别，就读经验研究具有更强的描述性和客观性，而学习体验研究更凸显评价性和主观性。两种研究虽然各有侧重，但研究成果具有互补性，共同揭示了学习的不同侧面和不同机制。

（四）教育性价值的大小

体验所具有的教育性价值受到教育学者的广泛关注。作为教育学概念的"体验"，多用于德育过程，涉及体验式的教育方式。刘惊铎将"体验"定义为人类的基本生存方式之一，是一种图景思维活动[1]，也是充满魅力的化育模式[2]，是一种新的教育理念。沈建认为，体验是主体内在的历时性的知、情、意、行的亲历、体认与验证。它是一种活动，更是一个过程，是生理和心理、感性和理性、情感和思想、社会和历史等方面的复合交织的整体矛盾运动。[3]张华认为，体验课程之体验是立足于精神世界，立足于人、自然、社会整体有机统一的"存在界"，是意义的建构、存在的澄明、价值的生成。[4]裴娣娜认为，体验是一种情感，是一个人对愿望和要求的情感性感受。[5]朱小蔓则把体验当作一种特殊的活动，认为其是人们追求生命意义的重要方式。[6]冯建军认为，"体验是一种移情和理解"[7]，它能够使

① 刘惊铎. 道德体验论 [M]. 北京：人民教育出版社，2003：60.

② 刘惊铎. 德育建模、验模与中国德育新模式 [J]. 新华文摘，2014（13）：127.

③ 沈建. 体验性：学生主体参与的一个重要维度 [J]. 中国教育学刊，2001（2）：42-44.

④ 张华. 体验课程论——一种整体主义的课程观（下）[J]. 教育理论与实践，1999（12）：38.

⑤ 裴娣娜，等. 发展性教学论 [M]. 沈阳：辽宁人民出版社，1998：25.

⑥ 朱小蔓. 情感教育论纲 [M]. 南京：南京出版社，1993：150.

⑦ 冯建军. 让教育与生命同行 [J]. 人民教育，2006（9）：5-7.

得外部的人和物融入我"心",从而浸染生命,撼动心灵。体验并非凭空想象或者通过书本学习与理性推理而获得,体验源自生活。[①] 可见,教育学领域将体验作为一种情感的、行为的、认知的过程来看待,关注学生精神世界的发展与升华。

关于体验在学习中的应用的研究,以大卫·库伯的"学习圈"为代表。1984年,美国教育家大卫·库伯在他的著作《体验学习:让体验成为学习和发展的源泉》一书中,把体验学习阐释为一个体验循环过程。首先是具体经验,让学习者完全投入一种新的体验;然后是反思性观察,学习者在停下的时候对已经历的体验加以思考;再次是抽象概念化,学习者必须理解所观察的内容并且提炼出合乎逻辑的概念;最后是主动实践,学习者要验证这些概念并将它们运用于制定策略和解决问题过程中。"具体的体验—对体验的反思—形成抽象的概念—行动实验及具体的体验"的循环,形成一个贯穿的学习经历,学习者自动完成反馈与调整,不断经历学习过程,在体验中认知,形成"学习圈"。"学习圈"理论还强调每一个学习者的学习风格差异,将学习者区分为经验型学习者、反思型学习者、理论型学习者和应用型学习者,认为不同学习风格的人应当选择适切的学习策略。[②]

关于学习体验的机制探讨的研究,以陈亮和朱德全为代表。陈亮和朱德全提出:"学习体验的产生依承于历构层、预构层和临构层三大结构,这一过程的关键在于三大结构的相互作用与有机统一。"[③]简单地讲,历构层是个人历次实践活动内化物的汇聚和积淀,是过去经验与生命感受的汇集,是理性真理和感性情感的结合。正是二者之间的互动,才推动了学习体验的产生。预构层是个体对未来的观念、心态或心像,表现为理想、希望、信心等。它是个体对学习活动的期望,是个体开展学习活动的动力。临构层是学习体验产生的途径,是自我与环境的交互,是个体调试自我认知,达到顺应外界活动或者改变外界客体的过程,最终促使学习体验生成。

总之,体验是人们在一定的实践活动中,结合自身的认知与经验,针对实践活动所蕴含的情感、行为、认知等,所形成的一系列感受与思考,具有体察性和内省性。就读经验研究侧重于对"求学经历"的展示,而学习体验研究更侧重对"求

---

① 冯建军. 让教育与生命同行 [J]. 人民教育, 2006(9): 5-7.

② Kolb D A. Experiential Learning: Experience as the Source of Learning and Development[M]. Englewood Cliffs, NJ: Prentice-Hall, 1984: 41.

③ 陈亮, 朱德全. 学习体验的发生结构与教学策略 [J]. 高等教育研究, 2007(11): 74-77.

学感受"的展现。已有的就读经验研究大多从数据分析的角度,展现学生求学过程中的参与度和满意度。而学习体验指的是学生对求学期间所接触的教育资源、校园活动和个人成长等经验的情绪性体会和回味。二者的区别凸显了体验相对于经验的丰富含义,也揭示了学习体验研究的潜在价值,期待其不断推动就读经验研究的深化,展现更加鲜活、多元、全面而深刻的"学习故事"。

"就读经验与学习体验研究的区别"思维导图如图 1-5 所示。

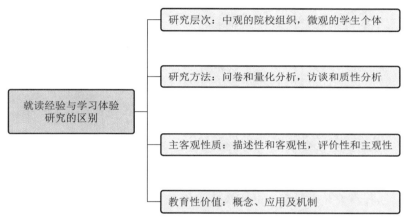

图 1-5　"就读经验与学习体验研究的区别"思维导图

硕士研究生在非正规教育中的学习体验研究属于学习体验研究,而不是就读经验研究。因此,研究层次上侧重微观层次和学生个体视角;研究方法上侧重访谈和质性分析;主客观性质上注重学生的评价,尊重观点的主观性并对其开展分析和解释;在教育性价值上,强调形成性和开放性,以增强行动研究对于实践的影响力。

二、非正规教育研究的进展与缺陷

笔者于 2022 年 10 月 14 日以"非正规教育"为篇名在中国知网(http://www.cnki.net)进行检索,共检索到文献 152 篇,其中期刊 123 篇,硕士学位论文 17 篇、博士学位论文 2 篇、报纸 7 篇、会议 3 篇。从研究趋势来看,国内对非正规教育的研究有三次激增期。第一次是世纪之交,这可能是由于 20 世纪末 21 世纪初,在终身教育理念影响下,非正规教育研究开始兴起。第二次是 2006—2007 年,这大概是因为非正规教育形式的拓展导致相关研究再次觉醒。第三次是 2014 年前后,这主要与我国"互联网＋教育"的发展有关,其研究内容大多基于网络的远程非正规教育。

国内的非正规教育研究主要关注以下六方面内容,同时也存在三个方面的研究缺陷。

(一)基础理论研究

张明礼分析了非正规教育与非正式教育的含义,并从经济发展、科学技术发展、教育改革的推进和公民教育的需求等方面,论述了非正规教育与非正式教育的重要地位,指出非正规教育与非正式教育对经济发展具有重要的间接作用。[①]顾晓波梳理了非正规教育的概念,对正规教育与非正规教育的特点进行了比较,并认为非正规教育具有以下意义:首先,我国的国情决定了发展非正规教育是弥补教育资源短缺的有效途径。其次,非正规教育在满足成人日趋多样化的学习需求的同时,能够有效推动正规教育的改革。最后,成人非正规教育是加强国民能力建设、构建和谐社会的重要途径。[②]陈乃林与孙孔懿认为,非正规教育具有非制度性和适应性、多样性和灵活性、简易性和节约性等特点。非正规教育在终身教育中具有重要地位,具有正规教育不可替代的特殊作用。它关注现实劳动生活的需要,满足人们的闲暇需求,在普及义务教育等方面具有补偿作用,可以生动诠释和弘扬终身教育理念。[③]

(二)体系模式探究

在 20 世纪 80 年代到 21 世纪初的这段时间内,我国学术界对非正规教育的研究集中在国外模式的借鉴与比较上,涌现了大量关于国外非正规教育现状、特点以及经验借鉴的文献。这可能因为当时我国学校教育发展基本稳定,同时随着改革开放脚步的加快,我国社会发生了翻天覆地的变化,人们对于知识和技能的渴求变得空前高涨,由此涌现出夜大等非正规教育形式。建立完善的非正规教育体系成为当时社会以及学术界思考的问题。在那个时期,我国对发展中国家的借鉴最多,如詹鑫总结了发展中国家非正规教育的组织、对象以及条件保障。他指

---

① 张明礼. 科学认识非正规教育和非正式教育的地位和作用 [J]. 中国成人教育,2000(3):7-8.
② 顾晓波. 成人非正规教育:概念、背景及若干思考 [J]. 职教论坛,2005(31):28-31.
③ 陈乃林,孙孔懿. 非正规教育与终身教育 [J]. 教育研究,2000(4):20-23.

出,非正规教育办学主体具有多样性,分为政府组织和非政府组织。政府组织需要严格控制非正规教育机构的教育计划,具有严格性、标准性和统一性的特点。非正规教育不对实施对象的识字水平进行限制,但会随着政策改变实施对象,其实施方式具有"灵活、实用、花费少"等特点。① 莫国芳介绍了菲律宾非正规教育的主要内容和实施机构、人员设置及其职能,指出菲律宾的非正规教育局起着重要作用。为了保证向农村的教育对象提供教育服务,非正规教育局的各个处与许多机构通力合作、协调行动,在菲律宾举办了大量扫盲班。② 惠巍着重介绍了印度学龄期的非正规教育的特点及改革发展历程,将特点归纳为:① 办学形式的不正规性和灵活性;② 课程的相关性;③ 学习活动的多样性;④ 管理的非集权性;⑤ 与正规教育目标的一致性。⑥ 非正规教育计划的最大特点是相对正规教育计划来讲的不正规性。③ 可见,那一时期我国学术界对其他国家非正规教育的探索,主要侧重于非正规教育的性质、特点、实施组织等方面。

(三)汉语教育研究

该领域的研究主要以泰国的汉语教育为主,成果虽然较少,但类型是硕士、博士学位论文,具有一定的研究深度。好运在其博士学位论文中介绍了泰国非正规教育体系的历史、现状以及政策。论文对运营状况良好的汉语教学机构进行了深入的个案研究,总结了非正规教育中汉语教学面临的问题与挑战,提出泰国非正规教育中汉语教学的基本原则和教学策略。④ 赵婉彤在其硕士学位论文中,基于自身 10 个月的教学经历,分析了成人汉语学习者的特点,比如具有急功近利、短期速成的期望;在情感上介意别人的目光,自尊心较强,具有情感屏障;语言输出受到已经固化的母语发音习惯的影响。论文还揭示了泰国非正规教育存在的问题,包括教学资源匮乏、教学设备落后、教材缺乏、课程设置不合理、学生学习态度散漫等。⑤

---

① 詹鑫. 发展中国家非正规教育的组织、实施和条件保障 [J]. 继续教育,2004(4):56–57.
② 莫国芳. 菲律宾的非正规教育概况 [J]. 成人教育,1998(7):46.
③ 惠巍. 印度的非正规教育 [J]. 外国教育研究,1997(1):33–35.
④ 好运. 泰国非正规教育中的汉语教学研究 [D]. 北京:中央民族大学,2016:148–151.
⑤ 赵婉彤. 泰国非正规教育学校成人汉语教学实践研究 [D]. 长春:吉林大学,2015:6–12,15–16.

（四）认证衔接研究

为了更好地调动人们接受非正规教育的积极性,发挥非正规教育推动社会发展的功能,学术界非常关注非正规教育与正规教育的接轨问题。接轨以认证为前提,因此非正规教育学习成果的认证,受到了学者的持续关注。相关研究内容大多注重宏观的政策支持、理念引领和模式设计,其中学历认证制度和学分银行制度是实践工作中的着眼点,相关的学术成果也最为集中。下文将简单介绍学习成果认证、学历认证和学分银行。

1. 学习成果认证

学习成果认证的研究,内容主要集中在理念及模式方面。韦欢欢研究了联合国教科文组织的学习成果认证,总结了该组织基于终身教育、全民教育、全纳教育的认证理念,介绍了其学习成果认证的标准、制度和方法。[1] 王亮在其硕士学位论文中,运用系统论的分析方法,揭示了非正规学习成果认证体系的要素、结构和功能。然后参照韩国和澳大利亚的非正规学习成果认证经验,结合我国已有实践,构建了非正规学习成果认证体系,提出应制定政策法律,建立"决策、管理、实施"三层级组织机构,规范"以能力为导向"的资格框架认证标准,健全经费和质量保障系统,并开发网络平台以提供支持的建议。[2]

2. 学历认证

孙诚和张晓光探讨了我国自学考试制度与非学历证书制度的实施状况和特点,认为自学考试需要与正规教育加强沟通与合作,根据社会和公众的教育需求开设课程,以形成终身学习体系。不同学历、不同年龄、不同职业的人员,会为提高业务水平和生活质量而开展非正规学习,把自学考试作为生活的一个组成部分。这需要教育机构由专业管理逐步过渡到混合式管理,兼顾课程组合、技术模块管理与专业管理,为学生提供更加灵活和多元的服务。[3]

---

[1] 韦欢欢. 联合国教科文组织学习成果认证的理念、机制与方法 [D]. 杭州:浙江大学,2017:Ⅱ.

[2] 王亮. 非正规学习成果认证体系构建研究 [D]. 北京:北京工业大学,2016:49.

[3] 孙诚,张晓光. 中国非正规高等教育与正规高等教育同等学历认证探索 [J]. 大学:研究与评价,2006(12):21-24.

3. 学分银行

孙冬喆等人借鉴韩国学分银行的实施经验,立足我国终身教育学分银行的实践,提出了学分银行制度建设的基本原则和条件:首先是必须得到教育部及其他相关部门的授权;其次是以第三方的身份独立运作;最后是必须具备运作的资质和社会公信力。[①] 孙冬喆在博士论文中,对我国学分银行制度的建设做了深入研究,认为学分银行制度建设的影响因素,首先是传统教育体系之间存在的固有割裂与断层;其次是学分银行制度缺乏外部保障机制;最后是迄今尚未建立统一的标准框架体系。[②]

(五)网络教育研究

胡晓源关注网络学习平台结构,认为非正规学习系统包含三个层次。第一是数据层,即非正规学习系统的数据库。第二是业务逻辑层,是非正规学习系统中各种不同业务逻辑的统一体,包括学习模块的业务处理、教师模块的各种教学操作的业务逻辑和信息处理逻辑业务、管理员板块中的指令集合。第三是表示层,将最终的结果呈现给用户,让学习者了解数据库和业务规则,根据信息做好学习管理工作。[③] 科林·莱切姆关注质量保障,认为非正规教育的质量保障是一个持续的过程,表现在常规的管理工作之中,需要制定详细的质量保障实施与评估框架。其内容和步骤包括分析需求、明确愿景和(或)使命宣言、制定目标、阐明价值观、决定采用什么策略、向利益相关各方和合作伙伴确认质量保证体系、明确结果、评估投入、收集证据、数据的分析和报告。[④]

(六)学习行为研究

以"非正规教育"和"学习"为主题词在知网上进行检索,虽然有 70 多篇文献,但实际上直接相关的寥寥无几,很多只是借着非正规教育的视角来谈学习行为,如《非正规教育视角下的民族高等教育学习适应性研究》。有鉴于此,笔者从

---

① 孙冬喆,吴遵民,赵华. 论学分银行建设与自学考试制度转型 [J]. 开放教育研究,2012(6):40-44.

② 孙冬喆. 中国学分银行制度建设研究 [D]. 上海:华东师范大学,2014:182,191-196.

③ 胡晓源. 基于信息化教育的非正规学习系统构建研究 [J]. 中国电化教育,2013(7):124-126.

④ 〔澳大利亚〕科林·莱切姆. 基于成效的远程开放非正规教育项目质量保证 [J]. 开放教育研究,2014(3):10-17.

内容而非概念出发,搜索了网络教育、在线教育、课外学习等非正规教育领域的学习行为研究。这些研究主要关注现状和影响因素。在现状和问题方面,郝珺和蔡海飞在《大学生网络学习行为实证研究》中,通过调查发现了"网络学习持续性普遍较差"的问题,认为需要改良网络学习资源的组织和呈现形式。[①] 李玉斌等人在《大学生网络学习行为调查研究》中,发现大学生网络学习能力表现不均衡,高年级大学生的网络学习能力更强。[②] 在影响因素方面,李阳等人在《大学生在线学习行为与人格特征的相关性研究》中发现,"情绪稳定性"人格特征与实践管控力和学习主动性成正相关;"外向性"与搜索工具运用程度和学习主动性成正相关;"尽责性"与学习态度和学习主动性成正相关。[③] 冯玲娟等人基于个案调查,发现教师指导对学生网络学习目标的确定具有重要影响。[④]

(七)研究数量缺陷

非正规教育研究跟正规教育相比,显然处于极为薄弱的状态。从文献统计结果来看,国内关于非正规教育的研究兴起于 20 世纪八九十年代,在三次激增期中,呈现出持续上涨的研究态势。这种增长很大程度上源于学习型社会的来临,是时代发展的产物。但无法掩饰的是,我国非正规教育一直较少受到社会关注,相关实践讨论不足,研究较为欠缺。从现有研究来看,我国非正规教育研究可以分为"理论研究""应用研究"和"开发研究"三个层次。"理论研究"探讨非正规教育的概念、意义、价值;"应用研究"探讨非正规教育体系的建立、发展模式及其借鉴意义;"开发研究"探讨科技教育、汉语教育、网络非正规教育的技术性问题、成果认证等。虽然可以对其进行一定的层次性区分,但因为研究成果过少,不同层次的研究质量也就难以保障。可以发现,其基础性研究存在理论基础薄弱和研究深度不足的问题,反映出我国非正规教育研究的不成熟。再就是研究主题非常单一,局限在科技教育和汉语教学等传统的狭小领域,理论研究没有跟上实践的

---

① 郝珺,蔡海飞. 大学生网络学习行为实证研究 [J]. 高教探索,2018(2):41-44.

② 李玉斌,武书宁,姚巧红,等. 大学生网络学习行为调查研究 [J]. 电化教育研究,2013(11):59-65.

③ 李阳,马力,官巍. 大学生在线学习行为与人格特征的相关性研究 [J]. 中国教育信息化,2016(17):18-21.

④ 冯玲娟,李彤,杨子莹. 大学生网络学习实效的提升策略研究 [J]. 软件导刊:教育技术,2013(4):41-43.

发展步伐,没有意识到非正规教育的发展空间和研究价值。实际上,非正规教育研究跟正规教育一样,是一个具有综合性和复杂性的领域,涉及教育学、心理学、经济学和社会学等多学科,需要应用多学科的知识开展全面的研究,跳出狭隘的视野局限。

(八)研究视角缺陷

通过对研究主题进行统计发现,国内非正规教育研究中理论研究偏多,实践研究偏少。即便有实践研究,其内容也聚焦于科技教育、汉语教育和网络非正规教育。相关理论研究具有宏大性特点,关注教育实施主体。这种研究在非正规教育发展之初很有意义,为非正规教育体系的建立与完善提供了有价值的借鉴,具有重要的指导意义。但在当前非正规教育日益成为公众不可或缺的教育形式时,要求更多地关注"学习方"需求。现有研究只从"教育方"看问题,一味将研究隔绝于实践,就会引起研究视角的时代错位,无法有效解决当下非正规教育的现实性问题。从教育活动本身来看,教育是教与学的双边活动,"教师的教"只是为"学生的学"提供了条件,而后者才是其获得成长的关键。非正规教育研究不能忽视学生的存在,不能以孤立和单一的视角来审视非正规教育,而应全面考察非正规教育的方方面面。因此,未来的研究需要摆脱宏大的"教育方"视角,从非正规教育的利益相关者出发,全面审视非正规教育的多元主体,关注他们的利益、诉求和价值偏好。基于学生视角的研究需要得到加强,以弥补现有非正规教育研究在主题和视角上的偏颇。

(九)研究方法缺陷

从研究范式来看,国内非正规教育研究大多是基础性的理论研究,所采用的研究方法以思辨为主,很少有实证性研究。思辨的研究方法对于理清内涵和阐释关系具有重要意义,是科学研究的一种重要方法。但单纯的思辨研究也会落入思维的误区,与现实相脱离,忽视实践的需要。实际上,在非正规教育越来越普遍的今天,其发展面临着多方面的挑战,单纯的思辨研究方法已经无法胜任。只有以多元的研究方法开展非正规教育研究,才能为非正规教育的发展提供有效的指导和借鉴。因此,非正规教育研究亟须增加实证性研究,通过更多的案例实证和数理实证,为实践界提供直接经验的借鉴。

"非正规教育研究的进展与缺陷"思维导图如图1-6所示。

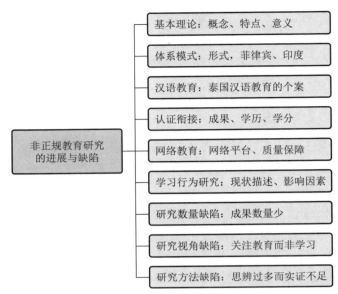

图 1-6 "非正规教育研究的进展与缺陷"思维导图

第四节　理论借鉴

为了研究硕士研究生对非正规教育的学习体验,必须寻找一定的理论借鉴。首先,需要理解学生发展理论,认识到非正规教育能通过满足个性化教育需求,来促进学生的多方面发展。其次,需要明确服务性质,非正规教育比正规学校教育更关注学生的"顾客体验",因而更强调教育服务。最后,需要强调环境性质,非正规教育中的环境因素更加独特,对学生发展具有更强的影响力。因此,本书研究的理论依据包含学生发展理论、顾客体验理论以及校园环境理论。

一、对学生发展理论的借鉴

非正规教育需要得到学生发展理论的指导。非正规教育作为一种教育形式,是对正规教育的补充。非正规教育的优势在于:内容上更加丰富,可以涉及个体成长的方方面面;形式上不局限于校园,可以兼顾线上与线下;时间上可以选择固定或非固定,具有更大的多样性与灵活性。因此,非正规教育满足了受教育者多样化和个性化的需求,是受教育者主动完善自己的教育行为,符合学生发展理论的要求。

学生发展理论来源广泛且内容多样。在长期的形成与发展过程中,该理论在内容上体现出不同类别,在当前有不同的个案性展示。首先,学生发展理论与人的全面发展相一致,并受到实践界和理论界的共同推动。其次,学生发展理论在内容上分别强调个体与环境、社会与心理、认知与价值以及多维度整合。最后,LR 报告是展示学生发展理论的个案之一,其学习理念和"转化式"学习方式凸显出学习体验的意义。下文将按照"形成—类别—个案"逻辑,对学生发展理论进行简要介绍。

(一)形成过程的启示

学生发展理论源于对人的全面发展的关注。马克思主义理论认为,人的发展是指人的自由发展和全面发展,是人的本质的全面展开,是一个人的根本。在高等教育发展过程中,通过不断运用和改良人的发展理论,逐渐形成了学生发展理论。[①]可见,学生发展理论在精神内核上符合马克思关于人的全面发展的论述,是人的发展理论在高等教育领域的体现和应用。

学生发展理论直接受益于美国社会动荡时期的教育自救。20 世纪六七十年代,美国社会动荡复杂,高等教育危机重重,财政危机、公众危机、学术道德危机和大学生信仰危机不断涌现。为了摆脱社会困境,人们在加强自省的同时,也将革新的力量转向了教育。高等教育机构中的学生,因为地位突出和角色重要而备受关注,学术领域也开展了针对高校学生的专门研究,学生发展理论应运而生。

学生发展理论受到了实践界和理论界的持续推动。美国教育理事会分别于 1937 年和 1949 年两次发表具有深远影响和重要意义的《学生人事观》(*Student Personnel Point of View*),逐渐将学生全面发展模式列入议程。"教育机构的指导思想是教育机构有责任考虑学生作为一个完整的人——智力能力和成就、情感组成、身体状况、社会关系、职业态度和技能、宗教价值观念、经济能力、美学欣赏,简而言之,高校应当强调学生作为一个人去发展而不仅是对他进行智力训练。"[②]1972 年美国大学人事协会(ACPA)推出的《明日高等教育工程》

---

① 孔蒙.基于学生发展的高校事务管理研究 [D]. 济南:山东师范大学,2015:7-8.
② 王清玲,易蓉. 美国"学生发展"的理论和实践对我国高校学生工作的启示 [J]. 中国电力教育,2009(16):206-209.

（*The Tomorrow's Higher Education*）更是直接对"学生发展"进行了定义,认为学生发展是人的发展理论在教育中的运用,它使每一个人能掌握越来越复杂的发展任务,达到自我实现和自身独立。学生事务人员要以学生发展为指导,努力促进全体学生的发展。[1]可见,学生发展理论把学生的全面整体的发展作为理论的出发点和落脚点。该理论不局限于学生学业的单方面发展,而着眼于学生综合能力的多方面成长,把学生作为"发展中的人",关注学生的成长过程优化。跟实践界一致,学术界的研究者们也全面阐释了"学生发展"的含义。罗杰斯认为,"学生在高等教育机构中,不断地成长、进步,各方面能力得到提升的方式"就是"学生发展"[2];米勒和皮恩斯认为,"人的发展概念长期处于一种被忽略的位置,学生发展是人的发展概念在高等教育中的具体应用,每一个处在发展阶段的人,都面临着不断增加的复杂性发展任务,要实现自己的人生目标,获得个人的独立"[3]。正是由于实践界和理论界共同关注学生的发展,才使得学生发展理论坚持人文诉求,不断进行拓展和深化。

（二）内容类别的启示

学生发展理论可以按照具体内容进行一定的类型区分。学生发展理论不是一个单一的理论,它更像是一种理论流派,涉及很多理论。其中最具代表性的是个体与环境类理论、社会心理类理论、认知和价值观类理论以及多维整合类理论。[4]

1. 个体与环境类理论

个体与环境类理论强调学生个体发展与大学环境的相互作用。其中最为著名的是阿斯汀的"输入—环境—输出"模型（Input-Environment-Output Model）及"学生投入"（Student Involvement）理论,桑福德的"挑战与支持"（Challenge and Support）理论和尤里·布郎芬布瑞勒的"人类发展生态学"模型

---

① 蔡国春. 美国高校学生事务管理专业化的发展及其特征 [J]. 扬州大学学报:高教研究版,2002（1）:73-76.

② 转引自乐青. 美国高校学生事务管理研究:学生发展理论的视角 [D]. 南京:南京信息工程大学,2013:19.

③ 转引自乐青. 美国高校学生事务管理研究:学生发展理论的视角 [D]. 南京:南京信息工程大学,2013:19.

④ 〔美〕克里斯汀·仁,李康. 学生发展理论在学生事务管理中的应用——美国学生发展理论简介 [J]. 高等教育研究,2008（3）:19-27.

（Ecology Model of Human Development）等。①

　　阿斯汀的"输入—环境—输出"模型（图 1-7）广为人知。该模型综合考虑学生发展的起点与过程中各因素的影响。"输入"是指大学生在入学时才智的发展水平，包括学生的自然特征（如年龄、性别、种族）、家庭背景以及入学前的学习与社会经历。"环境"是指在大学学习期间所有能够对学生发展产生影响的校内和校外经历，包括教育环境（如院校特征、学校氛围、学生同辈群体特征、教师特征）、教育活动（如课程、专业、教育项目、教育干预、课外活动）以及教育资源（如财政资助、住宿制、导师制、学校设施、附属组织）。"产出"则指学生在受到环境影响后所表现出来的特征、知识、技能、态度、价值观、信仰和行为，包括平均级点成绩、考试成绩、课程绩效、学位获得情况、全部课程的满意度等。② 阿斯汀认为，在大学生发展过程中，除了环境对学生发展有着至关重要的作用外，学生对自身发展的投入程度才是决定学生最终发展的制胜法宝。

图 1-7　阿斯汀的"输入—环境—输出"模型

　　尤里·布郎芬布瑞勒的"人类发展生态学"模型，从生态学的角度探讨了学生的成长与发展。该理论认为，学生的发展和成长过程发生在学生所处的一系列情境和关系中。这些情境和关系的相互作用是推动学生发展的重要力量。③ 由此，人们开始关注学生的社交情境与关系，关注学生的"圈子"文化对学生行为选择、人格、认知、价值观等方面发展的影响。这为本书的现象分析奠定了一定的理论基础。

① 〔美〕克里斯汀·仁，李康．学生发展理论在学生事务管理中的应用——美国学生发展理论简介 [J]．高等教育研究，2008（3）：19-27.

② 谷贤林．大学生发展理论 [J]．比较教育研究，2015（8）：28.

③ 〔美〕克里斯汀·仁，李康．学生发展理论在学生事务管理中的应用——美国学生发展理论简介 [J]．高等教育研究，2008（3）：19-27.

2. 社会心理类理论

社会心理类理论着眼于个体与群体的交流互动,探讨个体与群体互动中的自我认识和自我定位问题,揭示学生发展的基本内容。在这一领域做出突出贡献的是阿瑟·齐可林,他在《教育与人格》一书中提出了大学生发展的七向量理论。该理论是埃里克森的生命周期理论在高等教育领域的应用和发展。阿瑟·齐可林在对埃里克森的"人格危机"进行深入研究的基础上,于1969年提出学生人格发育的七个向量(包括大小和方向两个方面),后来他又于1993年对向量进行了修订,形成了如下七个向量:能力培养、情绪管理、从独立性的养成到与他人的相互依存、成熟人际关系的建立、自我人格的实现、生活目的性的建立以及言行一致和表里如一的品格的养成。这些向量反映的是大学生发展的不同领域和层次。[①] 该理论提出的学生发展的七个向量,为本书解释学生学习的体验感和非正规教育的选择动机提供了一定的借鉴,是本书的理论支撑之一。

3. 认知和价值观类理论

认知和价值观类理论关注学生认知与价值观的发展过程。其中,最为著名的是佩里的智力与伦理发展理论以及柯尔伯格的道德发展理论。该类型理论着重从学生认知与价值观的发展阶段出发描述学生发展的过程,探讨学生智力与伦理发展在各个阶段的特征。

4. 多维整合类理论

该类型理论整合了个人(人格)、人际(与他人的关系)以及认知发展等方面的内容,其中巴克斯特·玛格达提出了"自我主宰"的发展阶段。她认为,处于该发展阶段的个体既能吸收外来信息,又能坚持自我的价值认定,做出合理的决定。[②] 自我价值认定的基础是对自我进行清晰的认知,包括知识、能力以及愿景等。

以上学生发展理论成果,为本书研究奠定了理论基础,也为分析框架的确立提供了经验和启示。

(三) 典型个案的启示

2004年1月,美国大学人事协会(ACPA)和美国学生事务管理学会

---

① 〔美〕克里斯汀·仁,李康. 学生发展理论在学生事务管理中的应用——美国学生发展理论简介 [J]. 高等教育研究,2008(3):19-27.

② 〔美〕克里斯汀·仁,李康. 学生发展理论在学生事务管理中的应用——美国学生发展理论简介 [J]. 高等教育研究,2008(3):19-27.

（NASPA）联合发表的报告《反思学习：在全校范围内关注学生的经验》（*Learning Reconsidered：A Campus-Wide Focus on the Student Experience*，以下简称"LR 报告"），又将学生发展理论提升到了新高度。该报告对学生的学习进行了重新考虑，从体验的视角对学生的学习予以重视，倡导关注大学生体验而开展整体性教育，认为学习是一种把理论学习与学生发展结合起来的广泛的、整体的、动态的活动。[①]LR 报告所体现的学生发展理论凸显了学习体验的重要性。

LR 报告提出了五种新颖的学习理念[②]：

（1）学生学习产生教育和发展两种成果，成功的教育经验既促进学生的认知发展，也促进个人的成熟和人际交往。

（2）新环境下，教育中需要更加关注学生知道什么，他们的价值观和行为方式是什么，他们如何看待自己，如何参与生活世界，等等。

（3）学习、发展和自我的形成不可分割，存在相互作用和相互影响的关系，因而要把整个校园当成一个学习社区，学生通过各种体验去提高学习的质量。

（4）学生生活的每个方面都要被考虑，学习的过程需要被重构，校园中的所有资源都要为学生的学习负责。

（5）教育的重点应该从传递信息到促进学生的自我发展；教育的目标是引导学习者能够适应新的环境、整合知识，并进行终身学习。

LR 报告还提出了一种新的学习方式——转化式学习，并描述了该学习方式要达到的七方面的预期目标。所谓转化式学习，是将学生的专业学习与个人发展有机结合起来，强调学生的学习体验，关注学生的长远发展的学习。LR 报告认为，在转化式学习过程中，学生要达到以下学习目标和预期成果。[③]

（1）学生要具备综合认知能力，包括批判思维、反思和推理能力、智力的适应性、情感与认知的统一、自我与认知的统一等。

（2）知识的获得、整合和使用，包括获得多学科知识，注重知识、观念和经验之间的相互联系，追求终身学习，确定职业发展方向，拥有技术能力等。

---

① 吴婉湘．"需要重新思考的学习（LR）"：美国高校学生事务理论实践新构想［J］．内蒙古电大学刊，2007（2）：61-62，80．

② 吴婉湘．"需要重新思考的学习（LR）"：美国高校学生事务理论实践新构想［J］．内蒙古电大学刊，2007（2）：61-62，80．

③ 吴婉湘．"需要重新思考的学习（LR）"：美国高校学生事务理论实践新构想［J］．内蒙古电大学刊，2007（2）：61-62，80．

（3）人道主义精神，主要是指对人类的理解和宽容、人文素质、社会责任等。

（4）公民参与能力，指通过社区实践来承担公共生活的义务，实现有效领导等。

（5）心理素质与社交能力，主要是指拥有进行客观的自我评估和自我理解的个人品质，比如自我同一性、自尊、自信、伦理和道德等，拥有确立有价值的关系的能力、参与合作的能力等。

（6）实践能力，包括能够进行有效的交流、管理个人事务、保持经济上的自足、开展职业规划、保持个人的健康和福利、过一种有目的和自我满意的生活的能力等。

（7）学习坚持和学业成绩，主要是指利用大学的体验获得学习和个人发展的成功，确立学习目标并追求成功。

LR 报告强调了学生的发展在高校教育目标中的地位，关注增强学生学习能力来适应学习型时代，从而实现了学生发展与终身教育的联结。其对终身教育内涵的解读刚好与本书中对非正规教育的理解相契合，其"体验"的视角亦与本书相一致。

学生发展理论对本书研究的启示还有很多，如佩斯的"学生努力质量理论"、帕斯卡雷拉的"学生变化评定综合模型"、库恩的"学生参与度理论"。这些研究从不同方面强调了大学生发展的意义和途径。首先，大学生是极富个性化的独特群体，学生管理要以大学生的学习和发展为中心，尊重大学生的个性发展。其次，大学生和大学校园的良性互动，对个体的成长和发展具有重要的促进意义。大学应该在师生关系建设、课程设计、学校发展愿景等方面做出努力，促进大学生在思想道德水平、智力发展、社会交往、审美素养和职业规划等方面全面成长。最后，学术事务和学术外的学生事务都能促进学生发展。[①] 这些理念和成果，对于大学促进学生成长成才具有指导意义。

上述学生发展理论无论是从理念方面，还是从方法和分析工具方面，都能给本书带来有益的启示。通过对"学生发展"含义的明晰，不难发现非正规教育在学生发展中的价值，即通过弥补正规教育的不足，为学生的长远性和个性化发展提供广阔的空间。非正规教育同样能促进学生的发展，同样符合学生发展理论的理念。同时，各种影响因素的分析也具有共通性，学生的背景信息、教育环境、教育活动、社交状况以及学生投入程度等，同样会对学生非正规教育的选择与成效

---

① 彭小孟. 学生发展理论：我国高校学生管理改革理论的思考 [J]. 教育理论与实践，2010（30）：3-5.

产生重要影响。在非正规教育中,学生的投入程度对学习质量具有决定性作用,增加学习投入才是非正规教育成效的可靠保障。

"对学生发展理论的借鉴"思维导图如图 1-8 所示。

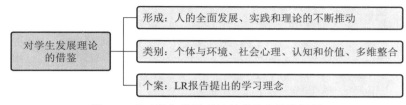

图 1-8 "对学生发展理论的借鉴"思维导图

二、对顾客体验理论的借鉴

顾客体验理论在教育领域也有一定的借鉴价值。我们在日常生活中经常会遇到各种服务,对于提供服务的个人或组织而言,有效的服务管理是提高资源利用效率、满足客户需求的关键。[1] 商业领域存在"体验经济"的概念,倡导加强客户体验管理,通过提高客户需求的达成度,来提高企业的竞争优势和获利能力。源自营销管理领域的顾客体验理论,可以描述教育领域中"知识服务与学生消费者"之间的相互关系。在类比的意义上,非正规教育机构提供给学生的各种教育教学资源,也可以看作一种教学服务。学生在接受这种服务过程中的学习体验,也可以看作一种特殊的顾客消费体验。学生的学习体验,显示出他们对正在使用或已购买的产品和服务的评价,"是学生作为高等教育消费者行使权利的一种方式"[2]。有关顾客体验的理论,最早起源于 20 世纪 70 年代,下文仅列举几种顾客体验类型,管窥其对于非正规教育的借鉴意义。

(一)追求沉浸体验

沉浸体验也称为流体验,英文是 flow experience。这一概念最先由齐克森米哈里提出。他认为,沉浸体验是指个体完全投入某种活动并获得的最优体验。当个体处于这一状态时,能够全身心投入所做的事情当中,并能被自己所做的事情深深吸引,保持心情的轻松愉快。当任务难度与个体技能相匹配时,个体会经历

---

① 温韬. 营销问题 [M]. 北京:商务印书馆,2012:9.

② 杨晓明,金龙,张艳. 英国大学生满意度调查及其启示 [J]. 北京科技大学学报:社会科学版,2008(1):145-148.

沉浸体验;当任务难度低于个体技能时,个体会经历厌倦感;当任务难度高于个体技能时,个体则会经历沮丧感。由于任务的挑战性会随着个体技能的提高而不断变化,出现任务难度超过、相当于或低于个体技能的状况时,个体就会在沮丧、沉浸体验、厌倦三种心理状态之间动态变化。[1] 沉浸体验理论当前已经广泛应用于商业领域,出现了营销沉浸式体验的展览、娱乐场馆、主题乐园、酒店和剧场,打造众多场景,让顾客成为参与者、互动者,从"被动观看"到"主动参与",满足顾客表达自我及探索世界等需求。

对于非正规教育而言,一方面,其追求产品的分级化,提供更多的难度供顾客选择和适配,避免学生因难度过大而沮丧,或者因难度过小而厌倦,这样才能学生有好的沉浸体验。另一方面,非正规教育也要注重代入感和互动性,不能像正规教育那样刻板和枯燥,在教育途径和策略上需要有更多的创新,比如更多地采用翻转课堂与混合式教学方式。

(二)优化感知体验

克里斯廷·格罗鲁斯曾提出"顾客服务体验"这一概念,来表示顾客对服务接触的感知。[2] 后来,诺曼在服务管理理论中引入了"关键时刻"概念,认为顾客对服务接触的感知时刻,决定着顾客的满意度以及忠诚度。[3] 顾客与服务资源要素的接触以及服务提供者提供服务的方式,是影响顾客体验的重要因素。企业对服务要素接触点的完善,能够直接而有效地提高顾客的满意度,使其获得积极的服务体验。以餐厅为例,"顾客感知"涉及多个环节和多个接触点。环节可能涉及找门店、停车、排队、点餐、用餐、结账和离开等;接触点可能涉及广告、停车场、前台、服务员、大门等。在多环节的多个接触点,餐厅需要理解用户行为,明确用户需求,发现不同服务水平会引起的情绪反应,从而找到问题点,寻找改进服务的机会。顾客体验的感知体验说,呼吁企业预见问题、优化客户运营、完善服务流程、提升客户体验、创造客户价值。

对于非正规教育而言,教育机构需要了解学生的学习环节、与机构的接触

---

① Hoffman, et al. Marketing in Hypermedia Computer-mediated Environments: Conceptual Foundations[J]. Journal of Marketing, 1996, 60 (3): 50-68.

② 〔芬兰〕克里斯廷·格罗鲁斯. 服务管理与营销:基于顾客关系的管理策略 [M]. 韩经纶, 等, 译. 北京:电子工业出版社, 2002: 52-53.

③ 刘月, 罗利. 西方服务管理理论的演进 [J]. 现代管理科学, 2004 (4): 58.

点、学习行为、学习需求、学习情绪、学习问题,并探寻教育供给的改进之道。当然,教育具有准公共产品属性,对受教育者而言,接受教育既是教育消费也是教育投资,而且时刻需要自我教育。所以,非正规教育中的顾客体验较为特殊,双方在环节、接触点、行为、需求、情绪、问题和改进等方面都承担着有限责任,都有主动改进的空间,共同建构才能达到理想的教育效果。

(三)兼顾二元体验

霍尔布鲁克和赫希曼提出,任何消费体验都基于功利体验的客观特点和享乐体验的主观反应,是二者相互作用的混合体。[①] 功利体验指的是顾客对功利性产品的体验,比如对雨伞遮雨功能的感受。享乐体验指的是顾客对产品体验的多种感觉,包括味觉、触觉、听觉、嗅觉与视觉等。顾客在消费中通常会产生喜悦、舒服、满意、一般、无效、差劲、糟糕等情绪体验,增强顾客的正面感受并努力消除负面感受,是产品提供方的重要责任。非正规教育机构应该注重创设愉悦的学习氛围,营造良好的学术环境,为学生的个人发展提供强有力的知识和心理支持。[②]

对于非正规教育而言,增强学生的功利体验需要硬实力,比如开发多样化和多层次的课程项目,提高教学项目的质量水平,在数量和质量方面满足学生的多元学习需要。从增强享乐体验的角度来看,尽管人们能够接受"学海无涯苦作舟",但非正规教育机构在降低学生负面体验方面仍然有极大的改进空间。非正规教育机构需要了解学习者通常会面临哪些情绪挑战,清楚诸如迷茫感、不适感、畏难感、倦怠感和挫败感等负面感受究竟源于哪些客观事实。只有全面了解了学习者存在的问题,非正规教育机构才能从提供帮扶和改善情境等方面加以改进。在具体措施方面,可以采用助教制度来加强对学习者个体的扶持,促进学生之间的互动合作,营造良好的学习氛围,增强情感支持,等等。

(四)补充教育问责

顾客体验理论表明非正规教育也面临顾客的质量问责。学生作为非正规教育的消费主体,有资格以当事人的身份对所享受的教育产品描述消费感受并提

---

① Addis M, Holbrook M B. On the Conceptual Link Between Mass Customization and Experiential Consumption:An Explosion of Subjectivity[J]. Journal of Consumer Behavior, 2001, 1(1):50- 51.

② 胡新华,周月. MOOC 冲击下高校教师的因应策略:学习体验视角 [J]. 现代教育技术,2014(12):19-25.

出质量诉求。而且,非正规教育具有成本自付的特点,比正规教育更加具有市场属性和消费属性,在市场竞争中更需要建立顾客监督的质量保障机制。即使在正规教育中,目前顾客问责的地位也越来越凸显。随着高等教育结构的调整以及高等教育国际化的发展,大学之间的竞争更趋激烈。大学由过去主要对政府负责、对主管部门负责逐渐转向对社会负责、对学生负责,必须接受社会与学生的监督和评价。[①] 在评价的时代,无论是正规教育还是非正规教育,都需要关注"学生顾客"的消费体验,这也是教育质量评价的核心目的之一。所以,无论是沉浸体验、感知体验还是二元体验,都强调了服务提供方的责任,倡导的是"供给侧改革"。

但是,顾客体验理论源自商业领域,在教育领域中必然存在一定的不适用范围,需要补充教育性质量问责。非正规教育机构作为教育服务产品的"卖方",学生作为购买相应服务的"买方",二者之间存在一定的力量博弈。在这种消费关系中,双方都需要持续不断地投入资源,包括资金、硬件、软件、时间、精力等,最终的"产出"是学生获得的知识和能力以及由此带来的社会收益。[②] 教育事业的特殊性,决定了非正规教育的质量保障不仅仅局限于顾客体验,还要依靠完整的质量保障体系。比如,学生要进行自我质量保障,增加学习时间、精力的投入。政府等上级主管部门也要加强对非正规教育机构的宏观监管保障,避免出现违规办学、消费欺诈等问题。在这种内、外质量保障的基础上,非正规教育机构需要加强运营质量改进,为学生提供更好的师资、课件、助教支持和督促服务等,这样才能更好地实现非正规教育的育人效果。

"对顾客体验理论的借鉴"思维导图如图 1-9 所示。

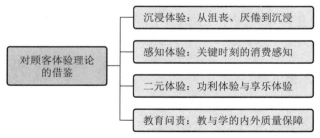

图 1-9 "对顾客体验理论的借鉴"思维导图

① 蓝江桥,冷余生,李小平,等 . 中美两国大学课程教学质量评价的比较与思考 [J]. 高等教育研究,2003(2):96-100.

② 胡新华,周月 . MOOC 冲击下高校教师的因应策略:学习体验视角 [J]. 现代教育技术,2014(12):19-25.

三、对校园环境理论的借鉴

校园环境是影响学生成长成才的重要因素。校园环境理论认为,经过精心设计的校园环境,能对学生的发展产生积极影响,促进学生和环境的良好互动,从而提高学生的就读满意度。这一理论主要包括人与环境互动理论(Person-Environment Interaction Theory)、物理模式理论(Physical Models Theory)和结构组织模式理论(Structural Organizational Models Theory)等①,对于非正规教育也有启发意义。

(一)人与环境互动理论

人与环境互动理论认为,学生、大学和社会三者之间的关系是相互作用、动态变化的,不能彼此割裂。学生并不单纯是环境的接受者,也可以是环境的影响者和改造者。② 环境不但会对置身于其中的人造成影响,还会通过人的自我感知和相互交流在人群中发挥潜在作用。因此,教育应当营造良好的教育氛围,促使生活于其中的人保持愉快的心情,积极进行合作与交流,享受和谐的精神生活。③

对于非正规教育而言,虽然其校园环境存在数量上的劣势,所拥有的设施条件普遍弱于正规教育,但其灵活性更强,有相应的教育优势。非正规教育的学习场所不太固定,就可能形成多场所的优势;再加上学习时间的可协商性、学习内容的相对轻松性,都能让环境变得更加多元,包容更多基于实际需要的设计。在这个意义上,非正规教育的环境有利于增强学生的学习兴趣,提高改造环境的满意程度,甚至在主动利用和改造环境的过程中,也能促进师生交往和学生之间的交往,构建更加注重个人体验的学习氛围。

(二)物理模式理论

物理模式理论认为,大学环境的物理特征会潜移默化地影响置身于其中的学生。从大型的校园建筑到草坪保护等细节,无不彰显着大学设计者的思想、情

---

① 马超.20世纪美国大学学生事务研究[D].南京:南京师范大学,2007:45-56.

② 马超.20世纪美国大学学生事务研究[D].南京:南京师范大学,2007:49.

③ 王坤庆.精神与教育:一种教育哲学视角的当代教育反思与建构[M].上海:上海教育出版社,2002:160.

怀,承载着大学独特的发展理念,影响着每一位置身于其中的学生对大学的情感。① 因此,大学应该建设富有人性化的"柔性建筑",赋予学校建筑作为隐形教育因素的物语功能。大学的物理环境既要保障学习生活的便利性和私密性,又要彰显大学的人文品位和社会价值。

对于非正规教育而言,在环境建设方面也应努力挖掘内涵。虽然在硬件方面其难以匹敌正规教育,但其软实力提升空间很大。借鉴商业领域的环境打造模式,非正规教育更容易创设个性化的场景,凸显环境的精神和文化内涵。比如当前兴起的付费共享自习室,被誉为"花钱买学习氛围"。在这种积极向上而又舒适温馨的物理环境中,学生的内心更容易被触动,从而更能增强学习自觉性,获得沉浸式学习体验。

(三)结构组织模式理论

结构组织模式理论认为,校园环境具有目的性和组织性,会影响人们的情感态度和行为。大学环境是动态和静态的统一。动态性的环境往往呈现出高复杂性和低集中性、低形式化、重视产品或服务的内在质量的特点;静态性的环境则往往与此相反。② 比如静态的课堂环境看似效率高,但它助长了教师的"一言堂",忽略了学生的好奇心和参与度。这种动态性不足的课堂,就会损害学生创新精神和思维能力的培养。

对于非正规教育而言,营造静态性环境不是主要目标,创设动态性环境才是重中之重。其环境建设更重视发展性而不是习得性,也就是降低"知识授受"的目标权重,更加重视创新与变革,更加尊重学生的个体差异。这样才能基于结构的灵活调整和适切的组织安排,彰显育人环境的动态性特征,达成更多的非学术性目标。

总之,非正规教育中的学习主体,除了受自身因素的影响外,也会受到外部环境的影响。从"环境育人"的意义上说,非正规教育中的硬件条件和软件资源,都会影响学生的学习。无论是正规教育还是非正规教育,都需要关注环境的创设与改善。两种类型的教育各有所长,在环境建设中需要扬长避短。非正规教育尤其需要增强环境的互动性、人文性和组织性,以凸显非正规特点,促进学生

---

① 马超. 20世纪美国大学学生事务研究 [D]. 南京:南京师范大学,2007:54.
② 马超. 20世纪美国大学学生事务研究 [D]. 南京:南京师范大学,2007:55.

的全面发展。

"对校园环境理论的借鉴"思维导图如图 1-10 所示。

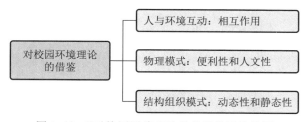

图 1-10　"对校园环境理论的借鉴"思维导图

第五节　研究设计

硕士研究生非正规教育研究需要明确研究的问题,选择研究方法,设计访谈提纲,招募访谈对象,进行资料分析,确保研究规范。

一、明确研究问题

阿斯汀的学生参与模型可借用于"研究问题的提出"。在学生发展理论中,阿斯汀使用"输入—环境—输出"模型,集中阐释了影响学生发展的起点与过程性因素。在该模型中,阿斯汀用环境来代表过程性影响因素,涉及的范围非常广泛。环境泛指大学中所有能够对学生发展产生影响的校内和校外经历,包括教育环境、教育活动和教育资源。教育环境包括院校特征、学校氛围、学生同辈群体特征、教师特征等;教育活动包括课程、专业、教育项目、教育干预、课外活动;教育资源包括财政资助、住宿制、导师制、学校设施、附属组织等。[①] 以此观之,非正规教育中的环境极具价值,是非正规教育中能对学生的学习与发展产生影响的各方面经历,涉及非正规教育实施方所提供的教育硬件、制度条件、课程质量、教育氛围、教师与同伴的交流交往等。在输入方面,阿斯汀集中阐释了影响学生发展的至关重要的因素是学生的个人投入。从综合输入与环境两方面可知,硕士研究生非正规教育状况的体验研究,必须全面关注教育供给方和学生的状况,一

---

① 谷贤林 . 大学生发展理论 [J]. 比较教育研究,2015(8):28.

方面调查教育供给方的教育硬件、制度条件、课程质量、教育氛围、师生互动等，另一方面需要调查学生的投入水平和自我管理状态。这两方面因素都会对学生的学习效果和个人体验产生重要影响。

基于以上理论，本书聚焦于非正规教育的具体实施和学生的个体体验，将研究问题划分为三个方面：非正规教育的选择体验、非正规教育的外部环境体验以及非正规教育的个人投入体验。首先是针对选择的体验，探究硕士研究生为何要选择非正规教育，在非正规教育中又选择了什么教育内容和形式，驱使其做出选择的内因和外因是什么。其次是针对环境的体验，主要研究教育供给方提供了怎样的设施条件，采用了怎样的制度规范，形成了怎样的人际交往，营造了怎样的教育氛围，学生对于这些环境及教育质量是否满意。最后是针对投入的体验，主要研究学生有怎样的自我规划，在学习中遇到了什么挑战，如何应对这些挑战，在坚持学习方面有什么经验和教训。

二、选择研究方法

研究方法取决于研究内容。基于上述研究问题，本书主要采用质性访谈法进行深入调查，以了解学生在非正规教育中的各种体验，明晰学生的喜怒哀乐。除此之外，本书还采用了文献分析法和个案研究法。

（1）文献分析法。笔者利用中国知网、大学图书馆及其他途径，全面搜集与"非正规教育"和"体验"相关的期刊论文、学位论文与学术著作。通过仔细阅读、深入分析、系统梳理，对"非正规教育"和"体验"形成了整体认识。在此基础上明确了本书的研究意义、重要概念、研究问题和逻辑思路。文献分析法为本书提供了理论基础和方法指导，是基础性的研究方法。

（2）个案研究法。个案研究法是社会科学领域的一种重要的研究方法，能够从研究对象入手对研究进行一定的限制，增强研究的可行性。本文以N校为个案，对N校的人文社科类硕士研究生进行研究。N校是一所人文积淀深厚的百年老校，其人文社科类学科办学实力雄厚，硕士研究生招生规模较大，便于寻找访谈对象。

（3）质性访谈法。质性访谈法适合于微观层面的研究，能够从当事人的视角了解其对问题的看法，关注他们独特的体验；而且能追踪研究对象的动态变化，促进研究者的个体反思。在非正规教育中，访谈对象客观上"经历了什么"，主观上"如何看待这些经历"，都需要通过质性访谈来了解，以达到深度调查的目的。

三、设计访谈提纲

基于前文的文献梳理,本书聚焦于调查硕士研究生非正规教育的"选择""环境"和"投入"体验。通过预访谈和调适修改,最终的访谈提纲包括以下 15 道过程性主客观题。

(1)您读研期间接受过哪些除学校教育之外的教育?

(2)您接受该教育的目的是什么?

(3)您在该教育中得到了怎样的服务?

(4)您认为该教育的学习氛围如何?

(5)您认为该教育有什么令人满意而值得表扬之处?

(6)您认为该教育有什么令人不满而应被批评之处?

(7)您在接受该教育时有什么印象深刻之处或故事?

(8)您在该教育中和老师及同学的互动交往状况如何?

(9)您在该教育中做出了哪些投入与努力?

(10)您在该教育中遇到了哪些困难与挑战?

(11)您在该教育中应对挑战的状况及结果如何?

(12)您在该教育中有哪些自我管理的经验与教训?

(13)您在该教育中的学习感受与学校教育相比有何差异?

(14)您在该教育中有什么感慨或领悟?

(15)您认为该教育对您个人发展有什么影响?

四、招募访谈对象

结合现实条件与研究需要,考虑研究的适切性与便利性,本书将研究对象限定为 N 校人文社科类硕士研究生。人文社科类原本是图书分类中的一种类别,为了研究的便利,本书借鉴这种表述,就读于人文社科类专业的硕士研究生就是人文社科类硕士研究生。目前大众普遍认同的人文社科类专业包括哲学、经济学、法学、教育学、文学、历史学等。N 校地处江苏省南京市,是国家"双一流"建设高校和省属高水平大学,在校研究生数量过万。N 校拥有悠久的发展历史,自1902 年创建至今,虽然几经改组,但一直保持着优良的人文社科教育传统,名家大师辈出。目前,N 校共设有法学院、心理学院、公共管理学院、马克思主义学院、教育科学学院、文学院、社会与发展学院等人文社科类学院。本书所调查的人文社科类硕士研究生都来自这些学院,都是全日制硕士研究生,涵盖学术型和专业型两种类型。本文采用抽样和招募方式,确定了20位访谈对象,基本情况如表1-2所示。

表 1-2　访谈对象情况表

代号编码	学院	专业	年级
S1	教育科学学院	美育学	2018 级
S2	教育科学学院	美育学	2017 级
S3	教育科学学院	学前教育学	2019 级
S4	教育科学学院	职业技术教育	2019 级
S5	教育科学学院	教育学原理	2017 级
S6	教育科学学院	教育学原理	2018 级
S7	教育科学学院	教育史	2019 级
S8	教育科学学院	学前教育学	2017 级
S9	文学院	中国现当代文学	2017 级
S10	教育科学学院	高等教育学	2018 级
S11	文学院	文艺学	2017 级
S12	文学院	汉语言文学	2017 级
S13	心理学院	心理学	2018 级
S14	心理学院	心理学	2018 级
S15	公共管理学院	行政管理	2018 级
S16	马克思主义学院	马克思主义基本原理	2018 级
S17	社会与发展学院	文物与博物馆	2018 级
S18	社会与发展学院	社会学	2019 级
S19	法学院	法律	2018 级
S20	法学院	法律	2018 级

20位访谈对象所选择的非正规教育内容如表1-3所示。

表 1-3　访谈对象非正规教育内容选择表

代号编码	学院	年级	专业	学习内容
S1	教育科学学院	2018 级	美育学	古筝、舞蹈
S2	教育科学学院	2017 级	美育学	美育学相关的网课(线上)
S3	教育科学学院	2019 级	学前教育学	英语口语
S4	教育科学学院	2019 级	职业技术教育	英语口语(线上)
S5	教育科学学院	2017 级	教育学原理	日语(线上)
S6	教育科学学院	2018 级	教育学原理	街舞
S7	教育科学学院	2019 级	教育史	成人自考汉语言文学、国画
S8	教育科学学院	2017 级	学前教育学	英语流利说、舞蹈
S9	文学院	2017 级	中国现当代文学	健身
S10	教育科学学院	2018 级	高等教育学	钢琴
S11	文学院	2017 级	文艺学	Python 编程(线上)
S12	文学院	2017 级	汉语言文学	教师资格证考试(线上)
S13	心理学院	2018 级	心理学	钢琴
S14	心理学院	2018 级	心理学	英语(线上线下)
S15	公共管理学院	2018 级	行政管理	韩语
S16	马克思主义学院	2018 级	马克思主义基本原理	英语
S17	社会与发展学院	2018 级	文物与博物馆	英语(线上)
S18	社会与发展学院	2019 级	社会学	国际注册会计师考试
S19	法学院	2018 级	法律	英语口语
S20	法学院	2018 级	法律	Photoshop 与 CAD 画图

　　从非正规教育的内容选择来看,语言类、艺术类、资格考试类以及特定专业领域的技能学习较为普遍。其中语言类学习最多,一部分学生致力于不断精进英语学习,英语口语最受追捧;另一部分学生则尝试了其他语种的学习。非英语专业的语言学习者,大多出于对某国文化和风土人情的兴趣而选择学习,主要源于"闲逸的好奇"。从学习形式来看,目前大部分非正规教育采用了线上授课方式。当然,艺术类课程仍然采用的是线下面授方式,因为艺术类课程的默会知识

较多,需要教师结合情境开展个别化指导。

五、进行资料分析

在质性研究中,资料的收集方法多种多样,比如访谈、观察、实物等都可以作为收集资料的工具。由于本书着眼于研究个体的学习行为与内心感受,很难通过观察和实物来了解,而且非正规学习处于学校教育之外,具有非常大的个体差异性,在教育内容上也具有分散性与个性化,因此必须通过访谈来搜集资料。访谈是研究者"寻访""访问"访谈对象并与其进行"交谈"和"询问"的一种活动[①],研究者主动地、有意识地与访谈对象进行交谈,通过访谈对象回忆和反思自己的所作所为与所思所想,从而全面搜集到想要的资料。因此,本书以质性访谈作为收集资料的工具,通过精心设计访谈问题,不断调整与改进访谈技术,前后共访谈了 20 位访谈对象,收集了 8.8 万字的转录资料。

当然,由于质性访谈是以研究者与访谈对象之间的口头交谈展开的,研究者与访谈对象之间的关系也是研究设计的重要内容。在本书研究中,虽然笔者以"局外人"的身份进入非正规教育群体中,但由于学习行为具有共通性,笔者仍然可以获得"类局内人"的身份,加入访谈对象的谈话,对他们的所思所想产生一定的"共振"与"融合"。[②]笔者经历的共通性,也为本书研究的开展提供了一定的便利与优势。

(一)抽样

为了保证抽样的科学性,笔者对人文社科类硕士研究生的非正规教育需求进行了考察。如前所述,硕士研究生的就业压力与求职竞争,促使他们通过非正规教育进行增值。相比其他人文社科类专业,教育学似乎是最"没有地位"的学科。就像钱锺书在《围城》中所言,"在大学里,理科学生瞧不起文科学生,外国文学系学生瞧不起中国文学系学生,中国文学系学生瞧不起哲学系学生,哲学系学生瞧不起社会学系学生,社会学系学生瞧不起教育系学生,教育系学生没有谁可以给他们瞧不起了,只能瞧不起本系的先生"。有如是之谈,归根结底在于人们对教育学的专业性存疑。教育学由于专业门槛过低,似乎难有"高深学问的崇

① 陈向明. 质的研究方法与社会科学研究 [M]. 北京:教育科学出版社, 2000:165.
② 陈向明. 质的研究方法与社会科学研究 [M]. 北京:教育科学出版社, 2000:133.

高地位",所以教育学硕士研究生跟其他人文社科类硕士研究生相比,往往具有更为强烈的非正规教育需求。基于此,本书研究对取样的比例进行了一定的偏重,即将大比例偏向于教育学硕士研究生,其他人文社科类则选取两三位研究对象进行研究。不过,在具体实施中,由于笔者与部分学院的学生接触较少,访谈对象的获取并没有达到理想的状况。

为了尽可能地收集到足够的资料进行研究,笔者采用了综合抽样方法。具体来说,笔者先后使用了方便抽样、目的性随机抽样和滚雪球式抽样。非正规教育在访谈对象身上具有隐蔽性,需要研究者主动开展查证。为了更加高效、高质地完成抽样,笔者通过全方位和多方式的方法进行拓展,优先从笔者所在的教育科学学院进行目的性随机抽样。然后立足笔者的人际关系网络,与所涉及学院的知情人取得联系,并将他们作为笔者进入"现场"的中介,打开进入其他学院开展访谈的通道。由于笔者人际关系有限,也不得不借助滚雪球的方式拓展访谈对象,即每次完成访谈时都鼓励访谈对象推荐其他访谈对象,最终获得了来自 N 校七个人文社科类学院的 20 位访谈对象。

(二)访谈的调适

在访谈过程中,由于笔者前期设置的访谈问题太详细,最初的访谈既烦琐又冗长。笔者在一次次的访谈中不断进行反思,最终形成了相对适合的访谈问题。另外,访谈对象对于自身的学习体验思考不多,大部分回答都较为简洁,自我暴露不够明显。这可能与访谈本身的局限性有关,访谈不太适合自我暴露问题,特别是涉及自我批评的内容,往往会给访谈对象造成一定的心理压力。因此,笔者在访谈过程中,尽量从迂回的角度进行关联,比如询问"您在该教育中做出了哪些投入与努力?"等问题时尽量减少提问的对抗性和批判性。但这样实施可能会对预设的内容有一定折损,不能最大限度地收集到预设方面的信息。虽然这与预设的内容不大相符,笔者在访谈中也曾感到沮丧,但最终绝处逢生,从其他角度找到了研究的材料。这也是质性研究的魅力所在,虽然预期不一定能实现,但在失去的同时也会有预料之外的收获。这也说明质性研究对研究者本身要求很高,需要研究者有坚定的信念和研究的功底。

(三)资料的整理

在质性研究中,当资料收集完毕之后,就到了质性研究的重头戏——整理分析资料阶段。为了保证资料收集的全面性与准确性,资料的收集往往在访谈结束之后尽快进行。在本书研究中,笔者也贯彻了这一原则,及时转录了访谈资料。为了提高研究效率,笔者将资料的正式整理与分析放在一起同步进行。

本书研究资料的整理与分析分几个步骤进行:首先是资料的编号。将每一份访谈资料以代号按顺序进行编号。其次是资料的转录。将收集到的访谈音频进行转录,形成 Word 版文本材料。最后是资料的整理与编码。熟读访谈资料,并根据研究方向与内容,有意识地将重要语句进行标红处理。在此基础上,笔者将访谈材料导入 NVivo11 中,采用陈向明三级编码形式对访谈材料进行详细的分析与处理,逐步类目化。材料的访谈编码实例如表 1-4 所示。

表 1-4　访谈编码材料实例

开放编码(话题)	类属编码(类别)	主轴编码(主题)
有的舞房不开空调,即使夏天很热也不开。我觉得跳舞时不开也能忍,但是应该提前凉一下吧。毕竟夏天那么热,一进舞房就像进蒸笼一样。有的舞房冬天很冷也不开,就感觉很抠门,其实就是想省电费	配套设备体验	硬件体验
像我前段时间上的那门课,哪怕晚上回来 10 点了,想要偷懒了,但是看到助教发给我的一些上课提醒,确实还是感觉被督促了。我就会想今天快结束了,不做就违规了,也有点愧对助教,所以就赶紧把它做了吧	督促体验	制度体验
老师虽然教的是干货,但我们更想要实际操作,要能直接上手使用。有时候着急用,没耐心一步步地学,要是能给一些直接案例供模仿借鉴就好了	课程内容的体验	课程质量的体验

六、确保研究规范

研究的科学性是对研究质量的一种审视,在考虑研究的科学性的时候,研究者需要对研究的真实性、可重复性和代表性进行检测。在实证研究中,人们常常用信度与效度来描述研究的科学性。信度是指研究结果的可重复性,效度是指研究的有效性。内在效度描述了自变量与因变量因果联系的真实程度,即研究结果的真实程度;外在效度描述了研究结果的可推广程度。[①] 显然这些观点的表述都是基于实证主义范式而言的,并不适用于本书的质性研究。所以,笔者只是

---

① 陈向明. 在行动中学作质的研究 [M]. 北京:教育科学出版社,2003:367.

借用量化研究的"信度"和"效度"概念来审查本书研究的科学性,并不严格遵循实证主义的研究范式,也就是从大多数质性研究者的普遍观点出发,进行研究方法科学性的评价与检测。

(一)研究的信度

所谓研究的信度,即研究结果的可重复性,这一概念本身源于量化研究,与质性研究极为不符。因此,笔者基于大多数质性研究者的普遍认识,即"量化研究意义上的'信度'这一概念不符合质性研究的实际工作情况,对质性研究没有实际意义"[①],而不追求研究的信度。这是因为研究者本身就是研究的重要工具,研究者的个人经历和价值观等都会影响研究对象的选取和研究结果的分析。这就导致不同的研究者对同一问题的研究可能会形成不同的研究结果,这是质性研究的必然缺陷。在质性研究中,大家往往不讨论实证研究中的信度问题,而是承认个人差异的现实性与合理性。

(二)研究的效度

在量化研究中,关于研究的效度也是科学性检验的重要方面,并形成了一套科学严谨的检测办法加以保障。但在质性研究中,"效度"的定义和检验不如量化研究那样清楚明确,质性研究者有时会用"真实性""可靠性""确定性""一致性"和"准确性"等进行描述。综合以上观点,笔者将研究效度的检验标准确定为研究的真实性与可推广性。

首先,笔者在设计访谈问题的时候尽量保证问题的科学性,避免价值预设的引导。比如对于陌生的访谈对象,笔者在访谈前精心准备了一些小零食来拉近彼此的距离,帮助访谈有效地进行下去。对于个人敏感性问题,笔者将其中的敏感成分隐去,采用开放宽容的态度进行开放性提问,允许访谈对象进行自我延伸与建构。值得反思的一点是,前期由于笔者过于追求研究的丰富性,也因缺乏访谈经验,曾在访谈中略微表现出了对访谈回答不够满意的情绪,或许这也是前期不能获得有效资料的原因之一。不过,后期在反思总结访谈经验以及请教导师和学长之后,笔者渐渐放下了对这一问题的担忧,能够打开心扉,因此获得了更多有价值的资料。

其次,笔者在访谈中严格记录访谈对象的语言与动作,尊重访谈对象自我建

---

① 陈向明. 质的研究方法与社会科学研究 [M]. 北京:教育科学出版社,2000:100.

构的价值。访谈后及时转录,及时对访谈材料进行编码,最大限度体现客观性。贯穿访谈全过程的细节性把握,有效地保证了研究的可靠性与真实性。

再次,笔者虽然在研究中是"旁观者",但由于学习经历的相似性,对于非正规学习的过程与经历也有一定的了解与认识,因此笔者比较容易地与访谈对象建立起信赖关系,产生了情感上的共鸣,保证了访谈的逐步推进。

又次,笔者采用个人自愿的方式征集访谈对象,保证了访谈对象具有较高的分享意愿。有些访谈对象对于非正规教育有强烈的情绪体验,也常常会对自己的经历表达各种感慨。此外,笔者在访谈之初就将访谈提纲发给对方阅读,其中也会特别说明"隐去所有涉及隐私的个人信息以及其他有可能造成名誉损失的关键信息"。在访谈开始之前,笔者会再次说明其中的伦理性。因此,整个访谈过程中,访谈对象对笔者有极大的信赖感,访谈内容具有真实性。

最后,本书研究基于 N 校个案,具有明显的地域性,可以说是一种本土性的研究,但"如果读者在阅读研究报告时得到了思想上的共鸣,那就是一种认同性的推论(或称思想上的启发或启示)"①,即具有推广性。而本书研究从"体验"出发,这种经历与情绪对于广大学生而言并不陌生,容易使其产生共鸣。此外,本书基于一定的理论基础,通过访谈对象的经历与体验,对相关理论进行了诠释和呼应,也能对相关理论产生推广作用。本书研究所依据的学生发展理论、顾客体验理论和校园环境理论,在访谈对象身上都得到了不同程度的体现,也彰显出这些理论在非正规教育中的借鉴意义。

(三)研究的伦理性

质性研究关注"研究者与访谈对象之间的关系"对研究的影响。考察开展研究工作的伦理规范以及研究者个人的道德品质,在质性研究中便成了一个不可回避的问题。②在质性研究中,学术界普遍认同的原则有自愿和不隐蔽原则、尊重个人隐私和保密原则、公正合理原则以及公平回报原则等。在本书研究中,首先,笔者按照自愿原则,通过发布"招募令"的方式获得访谈对象。在访谈中,笔者对访谈内容和访谈目的进行了充分展示,资料收集具有较高的真实性。其次,笔者在访谈中,注重与访谈对象建立友好关系,充分尊重访谈对象的个人意愿,按照道德原则公正对待访谈对象及访谈资料。再次,笔者在访谈开始之前会说明

---

① 陈向明. 质的研究方法与社会科学研究 [M]. 北京:教育科学出版社, 2000:101.
② 陈向明. 质的研究方法与社会科学研究 [M]. 北京:教育科学出版社, 2000:425.

访谈的保密原则,对于访谈对象的隐私及其他敏感性材料,撰写报告时都进行了化名处理。最后,笔者本着公平回报的原则,对每次访谈都很真诚地表达了谢意,也附上了一定金额的酬劳。在整个访谈过程中,笔者严格遵循伦理性原则,尊重访谈对象的人格与尊严,营造了轻松友好的交流氛围。

本书研究设计思维导图如图 1-11 所示。

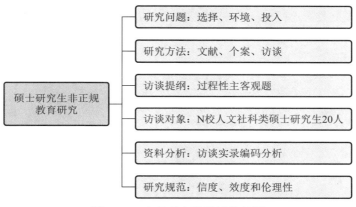

图 1-11　本书研究设计思维导图

第二章

硕士研究生选择非正规教育的动机

　　动机是人类行为的内在动力,不同的动机会产生不同的行为。学习动机也是一样,对待学习的动机不同,就会产生不同的学习行为。学习动机会影响学习投入,进而影响学习结果。随着我国"互联网＋教育模式"的日渐成熟,非正规教育蓬勃发展,便利的学习渠道为个人成长提供了有力支撑。但是,对于深处象牙塔中的硕士研究生而言,教育条件并不等于教育意愿,也不是人人都会选择接受非正规教育。本章基于访谈调查,分析硕士研究生接受非正规教育的内驱力、外驱力和价值驱力,以便展示硕士研究生选择非正规教育的动机。

第一节　硕士研究生选择非正规教育的内驱力

硕士研究生选择非正规教育受到内在目标的驱动,经调查发现存在喜好型、补短型、扬长型和标签型驱动。

一、喜好型驱动

访谈对象 S1、S5 和 S7 对于非正规教育的选择属于喜好型驱动。

S1 来自教育科学学院的美育学专业,参加了校外的舞蹈培训。她说:"我从小就参加各种兴趣班,对于音乐和跳舞比较感兴趣,学了很多音乐类和舞蹈类课程。现在也是出于个人兴趣学习舞蹈课,另外我还参加了民乐团。"

S5 来自教育科学学院的教育学原理专业,在校外学习日语。她说:"其实也没有什么特别的目的,一开始纯粹出于兴趣。我在大学的时候就接触过日语,上过几节日语课,觉得日语的入门特别简单,好像只要掌握了 50 音图,就可以掌握这门语言。所以对我来说,学日语就是兴趣,学起来有意思。"

S7 来自教育科学学院的教育史专业,参加了成人自考性质的汉语言文学专业的学习。她说:"我对那些传统的东西特别感兴趣。高考时也想过报考汉语言文学专业,后来就觉得如果把最喜欢的东西当成生活可能会厌倦,好像没必要当职业,所以最终选择了教育学。现在我的空闲时间比较多,就想系统地学习一下汉语言文学。"

在 S1、S5 以及 S7 的表述中,舞蹈、日语以及汉语言让他们产生了"动心"的感觉,希望通过非正规教育来了解和学习它们。这些学习内容所具有的吸引力,让他们产生了学习的兴趣。

硕士研究生基于喜好而选择非正规教育内容,彰显了"兴趣驱动学习"的逻辑。学习兴趣是人们在学习过程中产生的,体现出积极探索和想要认识事物,并带有强烈情绪色彩的心理倾向。[1]学习兴趣的激发,需要学习者主动探索生活世界,生成对于学习的个人情感。只有当个体的内心世界与生活世界产生"化学反应"时,兴趣才能生成。在硕士研究生非正规教育中,学生不受政策和组织规章等的限定,可以自由选择学习内容。基于个人兴趣而随性选择学习内容,是非正

---

① 刘智运. 大学学习理论与方法 [M]. 武汉:武汉大学出版社, 1995:68.

规教育最简单的逻辑,也是最普遍的现象。调查发现,文科硕士研究生往往对艺术和语言学习抱有较大兴趣。他们的学习大多始于兴趣,也精于兴趣。学习者通过非正规教育,满足自己的好奇心和求知欲。

二、补短型驱动

访谈对象 S2、S3 和 S17 对于非正规教育的选择属于补短型驱动。

S2 来自教育科学学院的美育学专业,在校外购买了美育学相关课程开展学习。她说:"我本科学的是环境设计专业,研究生阶段跨考了美育学,算跨专业考研。虽然我有擅长的方面,但更多还是需要弥补专业知识缺陷。我对于教育不是太了解,且美育这个专业又是跨专业知识的集合,包含美学、教育学、艺术学等知识。我们每个学生来到这个专业之后,其实都有欠缺的方面。但本院的老师管不了那么多学生专业基础的差异。所以我就根据老师对美育学专业的介绍,自己购买了相关课程,以提高学习质量。"

S3 来自教育科学学院的学前教育学专业,在校外学习英语口语。她说:"我觉得自己的英语口语水平很一般,想要提高一下。中学时代我没有受到良好的口语训练,当时感觉很遗憾,现在有条件了,就想弥补这个遗憾。"可见,以往教育经历中的缺失成了 S3 接受非正规教育的深层动因之一。

S17 来自社会与发展学院的文物与博物馆专业,在校外学习英语。她说:"之前我的英语不是很好,大学英语六级考了好几次都没有通过,研究生阶段就想尽力学一下再去考。"倔强不服输的她,多次考大学英语六级失败,决定到校外接受英语培训,弥补其英语方面的劣势。

硕士研究生为补短而选择非正规教育,体现出补足短板的主动尝试。非正规教育作为正规学校教育的补充,为学生进行自我探索和自我改进提供了途径。学生可以根据当前的发展需要,有针对性地选择适合自己的非正规教育内容。而自身劣势或者以往所受教育的遗憾,就会受到学生的普遍关注,使其形成"改进自己"的意愿。通过评估已有的知识、技能等,学生将课外学习与自我发展联系起来,想通过接受非正规教育进一步促进自身的成长。

三、扬长型驱动

S5 来自教育科学学院的教育学原理专业,在校外学习日语。她说:"我的记忆力特别好,从小到大都是这样。以前学语文什么的,背书就很厉害。我也特别喜欢学语文和英语,可能在记忆方面有一些优势。而且我背过的知识,过了很久还能记得。我觉得自己很擅长学语言,所以就买了日语课程,看看学习效果怎么样。"

一个人能否学好某方面的知识与技能,不仅与其努力程度有关,也与其先天条件有关。硕士研究生在漫长的成长过程中,已经形成了自身优势,在非正规教育中继续选择擅长的内容,更容易实现优势最大化。

四、标签型驱动

S6来自教育科学学院的教育学原理专业,在校外学习街舞。她说:"我基本上属于学霸型,花了很多时间在学习上。人们对我的印象就是文文静静,也夸我很乖巧、很秀气。但我对这种评价比较反感,甚至觉得,这算是夸我吗?是不是变相地说我没有活力?后来我就跟朋友们一起看电视节目《这就是街舞》,舞者的舞蹈棒极了,魅力四射!在同学的鼓动下,我和她一起报名学街舞。我脑子里有时候会冒出这样的画面,周围的人不相信我会跳这种舞,觉得这不适合我!我就是想要这种感觉,我想改变自己,想要变得特别酷,改变人们对我的刻板印象。"外表文静的S6其实心里住着一位酷女孩儿,希望能将这份酷展现给大家。她的表述展现了她对自身身份、状态的意识,希望通过在校外学习街舞来展现自己的酷,改变身边人对她的刻板印象。

硕士研究生基于"标签"而选择非正规教育内容,体现出"未来想象驱动学习"的逻辑。弗莱在深入研究教育期望的基础上,引入了"想象的未来"这一文化社会学的概念。他认为,人们对于未来的想象和预期,不应当仅仅理解为建立在现实条件之上的理性计算,而应当看作一种基于道德标准的自我"身份认知",这种认知能够影响和指导人们的现实行动。[①] 在非正规教育中同样如此,人们的教育选择往往基于对未来的想象,期望通过教育遇见"未来的自己"。当人们进行"未来想象"的时候,就可能从文化社会学的逻辑出发,通过对特定文化的"身份的认知",来指导自己的教育选择。

总之,硕士研究生选择非正规教育反映了自身的学习愿望。有些人为探索

---

① 王进,汪宁宁. 教育选择:理性还是文化——基于广州市的实证调查 [J]. 社会学研究,2013(3):77.

兴趣、培养爱好而学,有些人为补足短板、健全自我而学,有些人为发挥优势、形成特长而学,还有些人为打造形象、转换标签而学。无论怎样的学习动机,都促进了其非正规学习,成为学校教育的有益补充。

"硕士研究生选择非正规教育的内驱力"思维导图如图 2-1 所示。

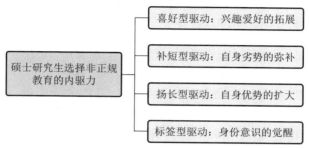

图 2-1 "硕士研究生选择非正规教育的内驱力"思维导图

第二节　硕士研究生选择非正规教育的外驱力

硕士研究生选择非正规教育受到外在目标的驱动,经调查发现存在模仿型、失望型、超越型和跟风型目标驱动。

一、模仿型驱动

访谈者 S3、S6 和 S11 认为选择非正规教育受到同伴的直接影响。

S3 来自教育科学学院的学前教育学专业,在校外学习英语口语。她说:"我报的是位于新街口的一个英语口语班,课程价格是 5000 多元。我决定报名,主要是因为我们专业有同学报了,然后说效果很好。我自己也有一点从众心理吧,就想跟着去看一下,看了也觉得好,就跟着报了。"对于 S3 而言,同学为她提供了发展方向的指引,让她认识到自身的不足,由此产生了接受非正规教育的意愿和动机。

S6 来自教育科学学院的教育学原理专业,在校外学习街舞。她对此的解释是:"我本科是学习学前教育学专业的,当时就经常跳舞,老师要求我们练习民族舞、儿童舞以及各种舞操。那时就感觉运动很舒服,特别是跳舞,能给人一种愉悦的感觉。后来同学介绍了一个跳街舞和韩舞的工作室,喊我一起去看看。看了之后,感觉特别好,我们就一起报班学了。"S6口中的"同学"是她的室友,是一位狂热的舞蹈爱好者,经常向朋友们分享舞蹈视频,也潜移默化地带动了其他人对舞蹈的喜爱。

S11来自文学院的文艺学专业,在校外学习Python编程。她说:"我学编程是为了完成自己制定的目标。其实我们专业或者说文科硕士研究生,一般不会学这个。但我找好了实习岗位,在我实习的公司里,大家都会这个,我就觉得我也要学会才行。这也许是出于一种好强的心理吧,不想落后于其他人。"S11这种不愿成为"落后分子"的心理,让她在社会比较中找到了完善自己的方向。

模仿型驱动体现了同辈群体的示范效应。大学生活主要是一种集体生活,学生们一起上课,一起生活,一起进行小组合作。他们绝大部分时间与身边的同学和朋友保持密切联系,生活在同辈人际环境中,极易受到同辈群体的影响。同辈群体中的"先行者",对于同伴的非正规教育选择产生了潜移默化的影响。有些是以"开阔视野,帮助看见新事物和新发展"的方式,影响同伴在非正规教育内容方面的选择;有些是以"社会比较,参照领先者的行进步伐"的方式,促成同伴参加非正规教育。这两种影响方式,最基本的逻辑是:先行者的有效探索,引发了后来者的直接模仿。模仿是个体在没有外界控制的条件下,受到他人行为刺激的影响,依照他人的行为,使自己的行为与之相同或相似。[1]同辈群体通过日常的交流交往,以模仿的方式实现了相互之间行为选择的趋同,"先进"带动了"后进"。

二、失望型驱动

访谈对象S3和S8认为语言学习需要依靠非正规教育来提高质量。

S3来自教育科学学院的学前教育学专业,在校外学习英语口语。她说:"虽然我们学校也开设了英语视听说课程,专门学习英语听力和口语,但是老师并没有专注于视听,更不用谈口语了。实际上校内课特别'水',基本是看视频,自己练习听力,再做点题,写下听力原文,大概就是这样子。听力学习这样还算好的,好歹有训练,但英语口语就没办法了,期末考核时自己准备口语话题,然后跟老师对话几句就算学了,根本没条件训练。正是因为学校的课程比较'水',老师根本不涉及口语练习,所以我就想报校外班,去外面体验一下。"就像S3所言,我国

---

① 张家军. 论学生同辈群体的作用及其实现机制 [J]. 当代教育科学, 2009 (11): 50.

的英语教学对口语训练重视度不够,即使到了大学阶段也是如此,有考试而难有教学和训练,导致不少学生通过报校外班来提升水平。

S8来自教育科学学院的学前教育学专业,在校外学习英语流利说。她说:"我觉得学英语很重要。以前是升学考试需要学英语,现在读研也需要英语好。比如说我们专业的国内期刊太少,所以就比较重视国外的期刊,学好英语对于我读期刊和发文章都很重要。"可见,学校教育中学术研究的需要,决定了英语的重要性,促使不少硕士研究生坚持学习英语,甚至选择接受校外辅导。

失望型驱动反映出学生对于学校教育缺陷的不满。学校教育是大规模的集体教育,班额一般比较大,教学内容也比较宽泛。这就决定了学校教育相对于辅导机构的课程而言,不能给予学生足够的关注,无法开设小众化的课程内容。所以,购买非正规教育机构的语言类课程反映出学生对于学校教育的"失望",也体现出"影子教育"的影响——校外辅导成为学校教育的"影子",为学生提供培训与学业服务。

三、超越型驱动

访谈对象S7和S8认为学习艺术类课程能够调剂生活。

S7来自教育科学学院的教育史专业,在校外学习国画。她说:"我学国画也是一种对学校生活的逃避。当时我在学校的压力很大,事情超级多。以前压力大的时候,就觉得我好忙啊,我没有时间干其他的事情了。那段时间,我突然感觉自己被压力和焦虑控制了,应该跳出来,然后就在校外报了瑜伽课和国画课,这些也是我的兴趣所在。然后我就感到生活变得鲜亮了,能够让自己紧绷的神经得到舒缓。"

S8来自教育科学学院的学前教育学专业,在校外学习舞蹈。她说:"在这个舞蹈班,老师如果教新动作,我一般是最快学会的,然后慢慢地我就成了领舞。其他学员如果哪个动作不会,都来请教我,我就带她们慢慢练,找感觉。这种角色挺好的,很有成就感,不但帮助了他人,也得到很多认可和感谢。其实我们研究生在学术上是很难有成就感的,总是感觉自己像'小白',所以有时候就想逃离学术,在其他地方找找感觉。而跳舞能让我快速恢复自信,能感觉到自己有价值。"

超越型驱动反映出学生想要超越封闭生活的愿望。一般而言,学校教育并不轻松,学生需要面对学业、人际和求职等方面的压力。当学生在学校感到无处可逃时,可能会另辟蹊径,通过购买心仪的课程来获得心灵的慰藉。尤其是那些难以胜任学术挑战的学生,不仅要忍受学术生活的枯燥,还要面对因学术受挫而产生的负面情绪。那种无能、无助和郁郁不得志的情绪,让学生苦不堪言。此时如果购买了心仪且擅长的课程,学生可借此排遣消极情绪,重新找到自我价值,重拾继续奋斗的信心。在这个意义上,非正规教育就像是宇宙中的另一颗宜居星球,它以第二顺位的存在,让学生找到安慰,成了学术失意者的心灵栖息地。

四、跟风型驱动

访谈对象 S6 和 S9 认为选择健身类课程受到社会潮流的刺激。

S6 来自教育科学学院的教育学原理专业,在校外学习街舞。她说:"我本来就对跳舞有兴趣,看到《这就是街舞》节目后,就想尝试一下,于是报了街舞培训班。"《这就是街舞》是一档街舞选秀节目,参赛者大都是国内街舞的佼佼者,他们的舞蹈风格、编排和技法等在社会上引起一阵阵模仿热潮,产生了一定的"网红"效应。S6 在这样的社会风气刺激下,产生了学习街舞的想法。

S9 来自文学院的中国现当代文学专业,在校外学习健身。她说:"其实我去健身是因为跟风。那时候健身非常流行,显得特别新潮,没去过健身房就显得'土',所以我就想尝试一下。再加上我是一个比较热爱运动的人,这个'风'刚好触发了我的健身兴趣。"

跟风型驱动体现出学生对于社会风气的迎合。社会是个体生存的大环境,社会的政治状况、经济发展、文化潮流、行为风气等都会以直接或间接的方式对个体产生影响。非正规教育发生在社会场域内,社会上的流行风潮会激发个体的兴趣和爱好,使其产生学习掌握"新潮技能"的愿望。在这个过程中,社会因素主要以舆论的方式,间接影响人们的审美观念,进而催生出其探索欲望,产生对于美好未来的期待。这种期待通常体现出浪漫主义的理想化色彩,虽然积极向上,但也可能蕴含一定的盲目性。

总之,硕士研究生选择非正规教育的外部原因多种多样。有些是出于"模仿",体现出同辈榜样的示范效用;有些是由于"失望",不满意学校教育的质量;有些是想"超越",希望超越封闭的生活;还有些是因为"跟风",受社会风气的诱导和刺激。无论基于何种原因,非正规教育都在一定程度上弥补了学校教育的不足,满足了学生的个性化学习需求。

"硕士研究生选择非正规教育的外驱力"思维导图如图 2-2 所示。

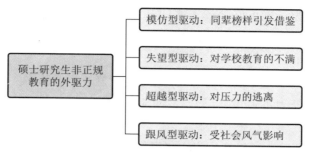

图 2-2 "硕士研究生选择非正规教育的外驱力"思维导图

第三节 硕士研究生选择非正规教育的价值驱动

价值驱动以价值建构为前提。建构主义认为,人是建构的主体,人们通过对自我和客体的联结,主动建构起对世界的认知。所以,物质世界如何塑造、改变和影响人的行为,如何受到人的行为的影响,取决于对物质世界的认知性和规范性诠释。[①] 正如"有一千个读者,就有一千个哈姆雷特",有不同文化背景和社会经历的人,对哈姆雷特的解读也不同。把哈姆雷特看成人文主义化身的人,可能就此对人文主义进行深入的反思;把哈姆雷特解读为复仇王子的人,可能对哈姆雷特的经历报以同情。人们如何反应、如何行动,取决于自我对具体事件的认知建构。同样,对于非正规教育,不同的个体有不同的价值建构,并影响日常学习的具体行为。

一、工具价值型驱动

访谈对象 S9 和 S14、S15 选择非正规教育体现为工具价值型驱动,即有用型驱动。

S9 来自文学院的中国现当代文学专业,在校外学习健身。她说:"我学健身的目的之一,是保持健康的生活方式,能够有健康的体魄,以便能享受接下来的人生。"

S14 来自心理学院的心理学专业,在校外学习英语。正如前文所说,她在校

---

① 秦亚青. 建构主义:思想渊源、理论流派与学术理念 [J]. 国际政治研究,2006(3):15.

外学习英语,是为了能更好地读英文期刊和发表文章。硕士研究生选择到非正规教育机构学英语,大多追求"有用",比如考大学英语六级、应付学业需要,甚至为考博士做准备。

S15 来自公共管理学院的行政管理专业,在校外学习韩语。她说:"我学习韩语,最开始主要是为了追星、追剧。我对韩国文化很感兴趣,就想通过语言学习来了解得更多、更深入。"

追求"有用"反映了工具价值的实用化建构。个体往往将非正规教育当作一种工具,以解决自身在生活、学习中所遇到的问题,满足个体的成长和发展需要。这种工具价值不仅体现在个体层面,也体现在组织层面。比如,大学作为一种组织,最开始是贵族特权阶级的附属物。对他们来说,大学只为一种"闲逸的好奇"而存在,主要以"六艺"为教学内容。但是,随着大学的不断发展,其工具价值越来越凸显,大学日益承载了经济发展的需要和普通民众的需要,就不再是独立于世俗的"象牙塔",而是走入市井,成为普通民众谋求发展的工具。高等教育的工具价值一直在拓展,各种"课程市场"的存在,就体现了工具价值不断从正规教育拓展到非正规教育。不同于正统的学校教育,硕士研究生选择非正规教育,一开始就出于世俗化需求,将非正规教育作为满足学习需求的工具。学生在开展非正规教育之前,会对学习成果进行实用化的建构,追求非正规教育的工具价值。

二、符号价值型驱动

访谈对象 S5、S12、S18 和 S20 选择非正规教育体现为符号价值型驱动,即有证型驱动。

来自教育学原理专业的 S5 通过非正规教育想成为"斜杠青年"。她说:"学习日语对我来说就是很单纯的一种兴趣爱好,它不会给我带来任何负担,我也不会觉得累。现在流行'斜杠青年',如果多学一门语言,就算是多'点亮'一种技能,就有了自己的'斜杠',挺好的。"

来自汉语言文学专业的 S12 想通过非正规教育获得教师资格证书。她说:"我报这个班,主要是想考教师资格证。我读的是师范类院校,考教师资格证非常必要,而且以后找工作也需要这个证书。但是我们的专业课其实不多,也跟教师资格证没什么相关,所以我得自己买课来学。如果能拿到这个证书,就会少一点忧虑。"

来自社会学专业的 S18 想通过非正规教育获得注册会计师证书。她说:"我学习注册会计师的课程,主要是看中这个行业的职业前景。简单来讲,我如果能拿到这个证书,就能大大提高自己的职场竞争力。"

来自法律专业的 S20 想通过非正规教育获得反映自己制图能力的有效证明。她说:"我购买网课的原因其实很简单,就是想自己学习 photoshop、CAD 画图,多学一点东西,就能为将来的就业多增加一些砝码。"

追求证书反映了符号价值的标签化建构。S5 将在校外接受非正规教育当作"斜杠青年"身份塑造的重要部分。对于大学生而言,在朋友圈中获得"斜杠青年"的社会身份,是其社会化的条件之一,有利于获得良好的社会声誉。S12、S18 与 S20 将非正规教育当作一种求职工具,即相对于教育内容本身的价值而言,他们更看重获得职业资格证书所带来的求职优势。他们选择非正规教育的主要目的,是获取专业领域的资格证书,为以后的求职增加筹码,提高竞争优势。符号价值最初源于人们对于商品价值的认识,由法国著名思想家鲍德里亚在其符号价值理论中首先提出。在该理论中,他把商品的价值范围加以扩大,延伸出商品的第三种价值——符号价值。鲍德里亚认为,消费已经不再是单纯的需要满足,消费的前提是商品必须成为符号。也就是说,消费者在做出购买决策时,商品的使用价值已经不再是最重要的影响因素,取而代之的是商品的符号价值。这种现象在硕士研究生非正规教育中也有体现,即学生并不关注非正规教育本身的技能内涵,而是关注其附带的符号内涵,比如身份标签、求职标签。

三、场域价值型驱动

访谈对象 S3 和 S4 选择非正规教育体现为场域价值型驱动,即有圈型驱动。

S3 来自教育科学学院的学前教育学专业,在校外学习英语口语。她说:"在我学习的那个口语培训机构里,很多人都很优秀,我希望能够认识他们,让自己的交友圈更加广泛。"在 S3 的观念里,口语培训机构实际上就是一个场域,一个依托口语学习而实现人际互动的场域。S3 想要借助该场域的人才吸引效力,建构优质的朋友圈,实现社会资本的积累。可以说,S3 在口语学习的同时产生了连锁反应,获得了一定的社会资本。

S4 来自教育科学学院的职业技术教育专业,在校外学习英语口语。她认为在培训班这个特殊教育场域之中,可以改善自己的学习状态。她说:"我一方面希望提高英语口语交流能力,另一方面也想打发一下空闲时间。而且这个培训班附带的晨读班,可以督促我按时早起,对保持良好的学习状态非常有用。"S4 重视非正规教育的督促作用,希望通过这个场域影响自身的行为习惯。

场域价值型驱动反映了场域价值的连锁化建构。场域是布迪厄提出的一个社会学概念,他认为,"在高度分化的社会里,社会世界是由具有相对自主性的社会小世界构成的,这些社会小世界就是具有自身逻辑和必然性的客观关系的空间,而这些小世界自身特有的逻辑和必然性也不可化约成支配其他场域的那些逻辑和必然性"[①]。布迪厄将这些"社会小世界"描述成各种场域,而场域就是各种社会关系构成的网络。场域对于身处其中的个体具有形塑价值。由于人具有社会性,在不同的场域中,人们倾向于做出符合该场域的行为举动。比如在学校场域中,学生倾向于学习与求知;在职场中,人们又会按职责分工扮演好职场人的角色。可以说,不同的场域会形成不同的社会关系,凸显"有价值的事物"。在硕士研究生非正规教育中,不同的选择会产生不同的场域效应,学生一经进入就会自然而然地产生相应的行为与习惯。场域中的人、事、物以及制度等,都可以对学生产生潜移默化的影响,形成学习方面的连锁化反应。基于这种场域特性,硕士研究生更容易借助场域力量而形塑更好的自己。

总之,硕士研究生选择非正规教育存在三种类型的价值建构:注重工具价值的实用化建构、注重符号价值的标签化建构以及注重场域价值的连锁化建构。相应地,学生倾向于把非正规教育看成一种工具、一种标签、一种场域,寄托着对于"学习开创未来"的美好期待。

"硕士研究生选择非正规教育的价值驱动"思维导图如图2-3所示。

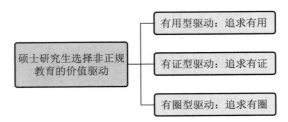

图2-3 "硕士研究生选择非正规教育的价值驱动"思维导图

---

① 〔法〕皮埃尔·布迪厄,〔美〕华康德. 实践与反思:反思社会学导论 [M]. 李猛,李康,译. 北京:中央编译出版社,1998:134.

第三章

硕士研究生非正规教育的设施条件

　　非正规教育的开展离不开教育条件的支持，其中的硬件条件就是通常所说的教育设施。在非正规教育中，从必要的教育设备到提升教育服务体验的各类设施，都可以发挥"设施育人"的作用。本章基于访谈调查，分析硕士研究生非正规教育有何设施优势和设施劣势，以及在课程方面有何种优势，以对比非正规教育与正规教育的特点和优势。

第一节　硕士研究生非正规教育的设施优势

访谈发现,硕士研究生在非正规教育中会接触多种类型的教育教学设施,其中不乏值得称道之处。以下基于个案进行分析。

一、开放性优势

访谈对象 S3 认为教室布置影响教学效果。S3 来自教育科学学院的学前教育学专业,在校外学习英语口语。她体验到了新颖的教室布置方式,"我们上课的教室里没有桌子,只有凳子。每个人坐在凳子上,一般挨得很近。如果要搞活动的话,也可以隔很远。其实我还是第一次体验这种没有桌子的课堂,感觉就像在幼儿园,你坐着看别人,而不是在低头学习。没有桌子就没有什么外在限制,好像就等着你来表现。可以自己发言,也可以给别人一些反馈,或者配合一些表情和动作之类的。课堂没什么拘束感,让人感觉特别好"。

桌子林立的课堂一般强调教育秩序。教室座位布置是教育教学场所构建的方式之一,常见的教室座位布置方式包括秧田式、小组式、圆桌式、U 形以及论坛式等。一般而言,我国学校普遍使用的是秧田式,这主要是由大规模的批量式教学决定的。对于学生而言,以秧田式为代表的教室座位布置方式,象征着师生地位的高下以及学生对于教师的"遵从与追随"。在这样的课堂氛围中,学生感受到师道尊严,服从教师权威,由此也在一定程度上限制了学习的主动性和创造性。

没有桌子的课堂有利于师生、生生之间的心理融通。在非正规教育中,围绕不同的教育教学内容与方式,相应的教室座位布置方式也不同。教室座位的布置方式某种程度上可以给教师与学生带来行为和语言等方面的暗示。没有桌子的课堂更像是会议室、座谈会等,倡导参与者之间的交流互动。这种方式有助于激发学生的主动参与精神,鼓励师生突破传统的课堂模式,增加非正式的交流,从而形成自由发言和踊跃表达的课堂氛围。在这种轻松自在的环境中,师生之间和学生之间的身份地位界限变得模糊,学生得以更加勇敢自由地表达自己,从而激活思维、激发潜能。从一般意义上来说,没有桌子的课堂营造的开放、自由、和谐的学习环境,提升了学生的学习成效。

二、贯通性优势

访谈对象 S2 认为学习平台的贯通性影响学习效果。S2 来自教育科学学院的美育学专业,在网络上学习美育学相关课程。作为一名资深的网络自主学习者,她经常利用网络资源学习专业相关课程。在自主学习中,为了获取丰富的学习资源,她尝试过使用不同的学习软件,"有的课是在这个软件上学,而另外一门课是在那个软件上学,那我就要下载很多软件,很麻烦。后来我发现其实在哔哩哔哩网站(https://www.bilibili.com,简称'B 站')学习就可以了。里面什么都有,总会有好心人把各种资料搬到这里来,而且很多资料经重新组合后再上传,比之前的质量更好。所以在 B 站就能学到很多东西,比那些杂七杂八的小众软件更好"。B 站是一款文化社区性软件,最开始以播放动漫为主,后来逐渐发展为多元化的社交分享平台,涵盖科技、数码、音乐、影视、舞蹈、课堂、生活及直播等多个板块。在该平台上,人们既可以成为分享者,也可以成为阅读者、观看者。分享者被称为"up 主",也就是"向 B 站上传内容的人",他们可以分享各种符合要求的内容,包括他们自认为不错的教育资源;作为阅读者、观看者,网友可以对资源进行交流互动、评价。阅读量、点赞量以及互动活跃度,都可以反映人们对于该资源的兴趣与评价,一定程度上也反映出该资源的价值。通过这样的分享过程,一些教育资源便借助"搬运工"的劳动,广受欢迎。

贯通型学习平台提供了优质的学习资源。在"互联网＋教育"政策推动下,网络教育获得了极大的发展,各大教育品牌纷纷挤占网络教育市场,教育内容也越来越丰富。但是,丰富的网络教育内容也使人们面临着选择何种教育资源的困扰。就像杜骏飞在其《知识付费的错觉》一文中所言,"知识付费未必都会供给知识,有时只是提供信息,有时只是提供知识的'体验',只有当知识付费使购买者获得真正具有深度、广度、可信度的知识,那才会导致真正的知识付费"[①]。在知识经济时代,知识被当作产品加以售卖,产品包装使知识具备了炫技式的营销噱头,但也掩盖了知识本身的面貌,使其变得隐晦与模糊。因此,准确判断知识的价值,成为学生进行教育资源选择的必修课。而贯通型学习平台,为学生选择资源提供了更好的技术条件。

---

① 杜骏飞. 知识付费的错觉 [J]. 新闻与写作,2017(11):77−78.

三、自由自主性优势

访谈对象 S5 和 S8、S14 认为学习软件保障了学习的自由自主性。

S5 来自教育科学学院的教育学原理专业,在校外学习日语。她表达了对直播转录播教育形式的赞赏:"我上的是网课,现在网课都可以直播转录播,当你遇到特殊情况没办法上直播课时可以看录播。但不好的一点是,如果你没赶上直播,就需要自己及时赶上进度。如果是直播课,你就必须跟着上课的节奏走,有什么不懂的,可以直接问老师,很有上课的感觉。但是看录播的话,就会少一些参与感和乐趣,而且没有人督促,容易敷衍了事,甚至缺了课也不补。"

S8 来自教育科学学院的学前教育学专业,在校外学习英语流利说。她说:"我不想每天去固定的地方上课,那样太浪费时间了,也很难保证不跟自己的专业学习相冲突。所以这种课程很好,利用碎片化的时间在手机上就能学习。它开发的主要目的就是方便碎片化学习,这样才有吸引力。比如早上刷牙的时候、吃饭的时候,都可以进行播放,学个小片段。而且学了这门英语网课之后,我发觉现在看娱乐视频的时间变少了,因为英语网课把娱乐时间占用了,让碎片时间也变成了教育时间。"

S14 来自心理学院的心理学专业,在校外学习英语。她非常喜欢学习软件所带来的倍速播放的便利:"感觉上网课节奏可以自己掌握,可以超慢速,也可以超快速,看能力和心情来决定。课程也可以反复听,有直播和录播可以选择。有条件就参加直播,没时间就观看录播,自己喜欢怎样就怎样。"

在线学习因彰显自由自主而备受青睐。在"互联网+"时代,硕士研究生非正规教育不仅仅局限于线下的教育培训,也越来越多地采用了网络教育形式。在网络教育中,组织创建畅通的网络学习环境,是教育过程得以顺利进行的物质基础。因此,软件的使用感受成为评价学习体验的重要依据。访谈发现,学习者对于学习软件带来的自由自主性非常满意,这种人性化的学习方式增强了教育的便利性。无论是直播和录播的功能选择,还是碎片化的学习设计,都让学习变得更加富有弹性和个性。对于硕士研究生而言,他们需要兼顾学校的正规教育,还要应付日常生活中的各种任务与挑战,很难集中统一的时间进行非正规学习。而网课打破了时间、地点的限制,为他们的学习活动提供了便利。

总之,笔者通过访谈发现,面授课程"没有桌子的课堂"促进了开放式交流;网络课程提供了"一体化的优质学习资源"和"自由自主的学习方式"。二者都

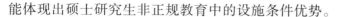

能体现出硕士研究生非正规教育中的设施条件优势。

"硕士研究生非正规教育的设施优势"思维导图如图 3-1 所示。

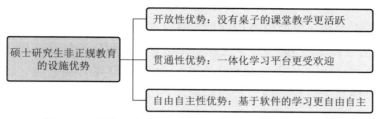

图 3-1 "硕士研究生非正规教育的设施优势"思维导图

第二节 硕士研究生非正规教育的设施劣势

硕士研究生非正规教育的设施也存在多种劣势,下文将基于个案进行分析。

一、载荷性劣势

S9 认为健身塑形类课程的教室条件要进一步提高。S9 来自文学院的中国现当代文学专业,在校外学习健身课,对于教室容量感受颇深。她说:"我觉得健身房在人流量的规划和处理上需要改善。因为大部分人会选择晚上 7 点到 9 点去健身,导致器械区人满为患,体验感较差。对此健身房可以进行顾客分流,比如说将学生或者没有严格工作时间的上班族吸引到其他时间段,给予较大优惠,采取多种手段进行顾客分流。"可见,过量的学习者占用了有限的学习设施,导致学习体验不佳。

S16 提到了课程的班额超载问题。教室容量是指一间教室所能容纳的学生的数量。而班额容量过大,是指一节课所面向的教学对象的数量过多,从而降低教学效果。S16 来自马克思主义学院的马克思主义基本原理专业,在校外学习英语。她对于培训机构的班额存在不满:"有的班级学生有 30～40 个,就和在学校上课是差不多的感觉,没有那种'上辅导班'的感觉。虽然有一对一的校外辅导班,但是那种太贵。"硕士研究生之所以选择非正规教育,就是期待这种课程能够弥补学校教育的不足,克服学校教育无法照顾到每一位学生的弊端。从这个角度来看,S16 的诉求有一定的合理性,但愿望达成度低,因为班额与学费成反比,小班化教学的价格必然要贵很多。

班额过大或教育设施不足是学校教育资源紧张的重要表现。无论是正规的学校教育还是非正规教育,基本具有教育者和受教育者"一对多"的特点,学习者之间或多或少存在资源争夺的问题。在非正规教育中,部分教育机构为了追求经济利益,一味地广纳生源,导致教师无法对学生的学习状况给予全面及时的关注。同时,学生也存在争夺教育资源等问题,降低了学习满意度。班额过大反映了当前部分非正规教育机构片面追求经济效益的倾向,这显然不利于教育和服务水平的提高。

学生选择非正规教育也是学校教育资源不足倒逼的结果。学生对于班额或教室容量的关注,从侧面反映出他们对校外非正规教育的需求。不同于大规模的学校教育,非正规教育一般采用"小而精"的教学模式,教师有更多精力关注学生的学习状况,实施更多的学习辅助,给予更多的条件支持。在呼吁非正规教育提高质量的同时,广大学生更期待学校教育也能有所改进。学校教育同样要关注学生的教育体验,尊重学生的多元化教育需求,拓展教育资源,推动教育教学的改革与创新。

二、匮乏性劣势

访谈对象 S1 和 S6 认为配套设备有缺陷会带来不好的学习体验。S1 来自教育科学学院的美育学专业,在校外学习舞蹈。她说:"我们的舞房挺好的,硬件设施还不错。但有的舞房不开空调,即使夏天很热也不开。我觉得跳舞时不开也勉强能忍,但是应该提前凉一下吧。毕竟夏天那么热,一进去就像进蒸笼一样。有的舞房冬天很冷也不开,就感觉这种校外非正规教育机构很抠门,就想省电费。"

S6 来自教育科学学院的教育学原理专业,在校外学习街舞。她说:"舞房的硬件设施不太好,楼很旧,电梯也很破。冬天,跳完舞身上有很多汗,但舞房里面没有淋浴设施,只能捂着汗就穿衣服,出门一吹冷风比较容易感冒,这是我最不满意的地方。"就教育活动而言,空调与淋浴设施并不属于教育必需品,但学生对此具有普遍需求。配套设备是否齐全,反映了教育机构的办学规范程度。一般而言,学生对于基本配套设备的要求比较宽容,但对于体能训练类的教育形式,受众对其配套设备的要求普遍较高。这种配套需求,反映了学生对于教育"预过程"与"后过程"的关注。教育不再局限于可见的实施过程,而是涵盖了教育"预过程"与教育"后过程",学生对整个教育阶段都有服务需求。只有对教育全过

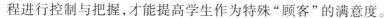

程进行控制与把握,才能提高学生作为特殊"顾客"的满意度。

种类齐全且设计精巧的配套设备是教育品牌的重要保证。完善配套设备是提高教育满意度的重要内容,需要教育者深入了解服务过程与教育体验。齐全而周到的配套设备,反映着教育者的情感温度,对于拉近与受教育者的心理距离等具有重要意义,也是树立教育品牌的重要环节。然而,部分非正规教育机构为了降低经营成本,忽视甚至克扣一些能体现人文关怀的设备投入,自然会降低受教育者的满意度。这样的做法看似省钱,但不利于教育品牌的树立,最终也将影响其市场盈利能力。

三、烦琐性劣势

访谈对象 S2 向我们介绍了网络软件设施的相关体验。S2 来自教育科学学院的美育学专业,在校外学习美育学相关课程。她说:"我觉得 B 站的推送非常精准。比如我点一下'文艺学',它会推送一些相关的课程,而且相关度很高,质量都很好。我没有必要去了解主讲人是谁,或者这门课程来自哪个学校,而是只看内容即可。它是按照课件内容推送的,我直接点开,按它排好的顺序来看就好。而正规的教育平台,看起来似乎高大上,但它的推送并不精准,有时掺杂了很多无关信息,造成干扰。比如在国内权威线上学习平台,点击'文艺学',旁边推送的是'地理学''文艺学'等课程。它推送的规则太过生硬,我并不需要了解这些学校、学科、师资什么的,我只是想要具体的教学内容。所以正规平台的推送我很不喜欢,觉得很费劲,总是关联我不需要的东西。"国内权威线上学习平台给 S2 的学习体验是检索费劲、推送不当,虽是个人感受,但可以管窥此教育平台对学生学习体验的疏忽。

学习者对于软件设施的核心要求是高效和精准。当前大部分教育机构设计了独立的软件,进行教育产品的出售与服务,涵盖了丰富的学习资源。学生在软件平台上学习时,一般会根据平台推送进行关联学习。有时学生也会根据自己的需要主动检索,灵活地挑选和追踪心仪的学习内容。因此,平台的推送能力和检索能力很重要,尤其是资源检索,是学生获取学习资源的工具,一定程度上决定着学生学习的拓展程度。总体来说,学生在软件设施方面追求高效和精准,好的搜索引擎能带给学生良好的学习体验。

网络时代,教育软件常常比硬件更受关注。对于非正规教育而言,学习更像是一场探险,学生需要根据自己对世界的认知,自行决定学习内容。也就是说,学习是学生根据已有认知来主动建构知识的过程。在非正规教育中,学生占据完全支配地位,彰显了自身对学习领域的兴趣与热情。学生往往通过"点"的学习来达到"面"的辐射,从而实现对整个学习领域的认知积累。而非正规教育机构提供的信息检索平台和学习资源衍生推荐,就变成重要的学习工具。精确而省力的检索设计以及符合用户学习倾向的内容推送,能够帮助学生拓展学习空间,利于其进行深度学习。所以,教育软件设计必须重视学生的学习体验,提高软件使用的满意度。

总之,硕士研究生非正规教育设施存在载荷性、匮乏性和烦琐性劣势。教学班额过大会稀释教育资源,影响教学效果;教学的配套设备设施存在欠缺,会导致课前、课后的体验感较差;软件检索不便或者内容推送不当,会导致网络课程烦琐低效的不良学习体验。这些设施问题需要不断改进,才能提高非正规教育质量。

"硕士研究生非正规教育的设施劣势"思维导图如图 3-2 所示。

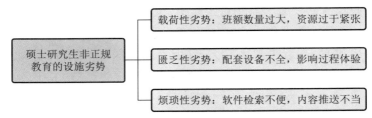

图 3-2 "硕士研究生非正规教育的设施劣势"思维导图

第三节　硕士研究生非正规教育的课程优势

在硕士研究生的非正规教育中,课程是教育的主要载体,对教学质量有重要影响。访谈发现,硕士研究生非正规教育在课程方面具有一定的优势。

一、专精性优势

课程质量和师资水平影响非正规教育的成效。课程是教育活动的中心环节,也是学生获取知识与信息、发展专业技术与能力的重要途径。在硕士研究生非正规教育中,课程实施为主要教育活动。在问及课程质量时,访谈对象大多从教师的专业性方面加以评价,实际上,教师的人格魅力、教学方法和学术水平从根本上决定了人才的培养质量。[①] 从访谈的结果来看,大多数访谈对象对非正规教育机构的师资力量给予较高的评价,认为自己在学习过程中获得了专业性的教育与指导。当然,这可能也与学生本身的水平有关,也与非正规教育的非功利目标有关。因为学生对教师专业性的评价往往比较高,当他们把学习当爱好而不是任务来开展时,在体验上也会更加轻松愉快。

S8 来自教育科学学院的学前教育学专业,在校外学习舞蹈。她说:"我每周会抽一到两个晚上参加舞蹈培训。我本科学的是学前教育学专业,对于舞蹈有一定的基础。现在这个机构很专业,我当初选择它,就是因为老师非常专业,强调基本功,舞蹈各方面都很好。对于舞蹈来说,基本功非常重要,就像单词和语法在英语中的地位一样。我以前跳舞虽然跳得很柔软,但只是柔,而没有力量。现在感觉力量更足了,一些高难度的动作也敢尝试了,这些进步都是重体能、重基本功的结果。而且这个机构实际上也能支持学员走专业化道路,大部分学员会考舞蹈教师资格证。"

S17 来自社会与发展学院的文物与博物馆专业,在校外学习英语。她说:"这个机构中的老师都非常好,专业实力很强。我们的英语培训老师在这个圈子里算是数一数二的,为人也很低调。我就是因为他才慕名而来的,上课确实感觉很棒。我们的词汇老师毕业于清华大学,也很有名。他们分工很细,教学工作做得很细致。"

S18 来自社会与发展学院的社会学专业,在校外学习国际注册会计师考试培训课程。她说:"我觉得培训课程的结构设置很好,老师很专业。他们讲课,往往能给你一种醍醐灌顶的感觉,课程教学质量非常好。"

教师作为学生学习的引路人,他们的专业素养对学生的发展具有重要的影响。具有较高专业素养的教师,能为学生提供专业化的教育指导,帮助其建构合理、扎实的知识结构。教师的知识和视野,会影响学生的学习成绩和专业发展。因此在教育质量管理中,教师的专业性是教育输入环节的核心关注点,也是教师队伍建设的重要方面。在硕士研究生非正规教育中,打造一支素质强、专业水平高的师资队伍,对于提高非正规教育机构的品牌影响力至关重要,也直接影响学

① 李茂蓉. 大众化背景下建构高等教育质量保障机制的探讨 [J]. 重庆师范大学学报:哲学社会科学版,2010(3):115.

生的学习体验。

二、实用性优势

S11 来自文学院的文艺学专业,在校外学习 Python 编程。她说:"教编程类课程的机构数量挺多,可选的空间很大。我觉得我买的这门课程质量很好,它主要针对学生党,或者是工作中对编程有一些需要的人。对于这些只想'入门'的人,它的策略是直接上'干货',可能你上完前十节课,就基本掌握了大概。有了这些干货,你就可以心中不慌。如果你还想继续学习,就需要完成更多练习,让自己更熟练。所以,仅就学习过程而言,这门课程的确'干货'满满。"S11 对于"干货"的情有独钟与她以往的学习经历有关。她在研究生期间曾经感到非常痛苦,想要学有所成,但面对晦涩难懂的文献又无能为力。而研二暑假的实习生活为她打开了新世界的大门。她在一家互联网教育公司实习,期间她专门学习了 Python 线上课程。从接触编程到深入学习,S11 感受到了收获的惊喜,甚至认为理工科比文科让她更有成就感。她说以后会学习更多的软件操作,这种"有技术"的感觉很踏实。

S17 来自社会与发展学院的文物与博物馆专业,在校外学习英语。她说:"我在校外非正规教育机构报的是考试类的听力课,所以它的针对性很强,就是用来应付考试。老师会教我们如何做听力题,如何辨识节奏。比如听到不同部分要注意哪些重点,或者听到不同的语气该如何研判基调,或者听到陈述一件事的时候应该重点关注哪里。我们就按照他的方式去听、去做题,很有效果。刚好上个学期期末英语考试有听力,我按照这种方法来听,成绩果然提高了不少。"看得出她非常佩服培训老师在学习方法上的精准指导,学习的收获让她感觉非常满意。

应用性更强是非正规教育机构提供的课程相对于学校教育的质量优势。在硕士研究生非正规教育中,学生大多以学校教育为主,再抽空接受非正规教育。对于他们而言,时间和精力都是宝贵的,不容浪费。而针对性强的教学,能有效避免时间和精力的浪费,帮助学生更高效地完成学习任务。也只有具备了"应用"和"高效"的特征,才能让学生更好地平衡学校教育和非正规教育,获得更高的学习满意度。

总之,硕士研究生非正规教育在师资和教育目标方面具有明显优势。教师的学科专业技能突出,体现为专精性;课程因针对性强而显得"干货"满满,体现为应用性。"专精"和"应用"相对于学校教育的"博雅"和"理论",更能吸引在校学生,也体现出非正规教育对于正规教育的补充和拓展作用。

"硕士研究生非正规教育的课程优势"思维导图如图 3-3 所示。

图 3-3　"硕士研究生非正规教育的课程优势"思维导图

第四章

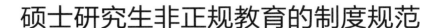

硕士研究生非正规教育的制度规范

  制度是一种规范,是人们行事的规则。制度是组织有效运行的保障。大学制度一般分为宏观和微观两个层面,宏观的大学制度是指一个国家或地区的高等教育系统的管理体制、投资体制和办学体制等;微观的大学制度是指一所大学内部的组织结构和运行机制,包括组织结构的分层、内部权力体系的构成等。[①]概括地讲,宏观的制度是一种国家性、地域性的规范,微观的制度是一种组织内、群体内的规范。非正规教育制度同样具有宏观与微观两个层面,宏观的制度控制着非正规教育体系的运作,微观的制度规范着非正规教育内部的运作与管理。本章主要着眼于非正规教育制度的微观层面,探究其教育机构内部制度建设对于学生学习的影响,分析其试听制度、先修制度、助教制度、互动制度、督促制度和汇报制度的实施状况及其积极意义。

---

① 邬大光. 现代大学制度的根基 [J]. 现代大学教育,2001(3):30.

第一节　硕士研究生非正规教育的试听制度

硕士研究生非正规教育中存在着不同于学校教育的试听制度,下文将基于个案进行分析。

一、试听制度个案

访谈对象 S3 和 S14 都体验过非正规教育的试听制度。

学前教育学专业的 S3 认为校外非正规教育机构提供的英语口语体验课很好。她说:"这家机构开设了体验课,体验结束后,三天内如果觉得不满意可以退款。我认为允许试听是一件好事,给了学生选择的机会。你可以连续体验三天,以此判断老师讲的内容是否实用,教学方法是否适合你,学习的任务强度是否适当,等等。对于我们消费者而言,试听就是一种福利。"

心理学专业的 S14 在校外非正规教育机构报名学习英语课程。她说:"我在这家机构报过两次班,可能我运气比较好吧,一开始遇到的老师特别好,他在英国伦敦待过两年,后来去进修了,第二次报课时就换了老师。我是续报的课程,其他方面都没变,就是老师变了。开课之后明显感觉老师讲的深度不够,不仅讲得很慢,还讲得很零散,内容都是机械割裂的。但是我也没有办法换老师,第二期就觉得没学到什么东西。这里面其实也有机构的责任,它不像那些做得好的机构,开设了试听课。你试听完之后,可以选择适合自己风格的老师,这样就可以少走一些弯路,学习也顺畅一些。如果当时有这种试听课的话,我就不会续报这门课了。"

二、试听制度的优势

能否试听会影响学习者的课程选择。S14 因为没有试听而后悔选错了老师,认为该老师在教学内容组织方式、教学风格与深度等方面表现不好。而 S3 利用试听确认了课程的具体细节,选报了心仪的课程。试听制度提供了课程展示的平台,让学生实地体验教学理念、接触课程内容、感受教学氛围、了解相关的教育服务支持,以有利于学生选择合适的课程。

试听制度契合了培训课程的商品属性。在教育培训市场上,当课程作为一种产品进行销售时,就具有了商业的特性。既然衣服、食品、家电等商品可以试穿、试吃、试用,那么同样作为商品的课程,就应当允许试听。基于这种逻辑,试听制度应运而生。试听制度应用最为普遍的是营利性非正规教育机构,这些机构以售卖课程为生存保障,通过试听课程或体验课程将自己的教育服务内容展现出来。这些试听课程短则几十分钟,长则两到三次课程学习。试听的内容包括课程的内容体系、教师自我介绍、部分授课内容等。学生可以在试听课程过程中,体验自己对教师及课程内容等的适应程度,并考察课程质量。可以说,试听制度在一定程度上克服了教育活动中"信息不对称"带来的弊端,实现了教育者与学习者之间的互知与互动。

三、试听制度的劣势

现实中非正规教育机构的试听制度存在两种缺陷。一种是普及程度过低。我国是教育大国而不是教育强国,优质教育资源仍然紧缺,长期处于教育"卖方"市场,学生的选择权还没有得到充分保障。另一种是容易异化为"生源收割机"。很少有教育机构提供多次试听体验服务,绝大部分试听课程只有几十分钟。但一次课程、几十分钟的试听,未必能起到很好的考察作用,其瞬间体验也未必理性,很可能出于新鲜感和刻意营造的良好氛围而导致"激情消费"。在这种情况下,试听制度就可能因为过度美化,甚至虚假表演和模糊承诺,而沦为非正规教育机构的"生源收割机","以招收学员为目的"会极大地影响试听的真实性和教育性。

四、对试听制度的借鉴

非正规教育中的试听制度值得学校教育积极探索和实践。学校教育提供的是准公共产品,不必担心商业性侵蚀;而且我国教育的"卖方属性"也决定了学校不会刻意骗取学生的喜爱以刺激教育消费。在这样的前提下,学校应进一步改革管理,从提高准公共产品质量、造福国家和社会的角度考虑创新试听制度的内涵与形式。试听的目的在于提高学生与课程的匹配性,学校应基于理念引导、技术支持等方面扩大试听制度的实施面。首先,理念上要重视学生权益,重视资源匹配带来的效益,而不能满足于人才的批量生产,重视数量而忽视质量。其次,技术上加强探索以提供更多支持。教育发展的信息化水平要体现在办学实践的细枝末节中,不断打破教育"黑箱",促进信息公开,促进教育各利益相关方的匹配与协作。

　　总之,试听制度能够让学生对课程有初步了解,从而做出更合理的教育选择,保障学生充分的知情权和选择权。当前我国教育中的试听制度普及程度过低,在教育市场中也容易异化为"生源收割机"。学校教育应注重理念、技术等方面的革新,不断探索试听制度的实施策略。

　　"硕士研究生非正规教育的试听制度"思维导图如图 4-1 所示。

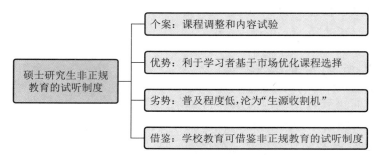

图 4-1 "硕士研究生非正规教育的试听制度"思维导图

第二节　硕士研究生非正规教育的先修制度

　　硕士研究生非正规教育中存在着不同于学校教育的先修制度,值得学校教育借鉴。

一、先修制度个案

　　文学院文艺学专业的 S11 在 Python 编程学习中体验到了非正规教育的先修制度。她说:"这门课程会提前把所有学习权限打开,你想学就可以自己先学。等到了开课时间,老师也会带着你学,相当于给你预习和自学的机会。我觉得这个设置还挺好的。对于我来说,我对这门课程很感兴趣,学完一点就想继续探索,于是就会对后面的课程进行浏览,做一些学习尝试,或者做里面的练习题。虽然效率不高,但毕竟是自己摸索,能暂时满足一下我的好奇心。"无论是线上课程学习,还是线下教育培训,大部分培训机构会提供一定的学习材料,增加学生的前期参与。所以只要学生想预习,基本上可以通过自主阅读学习材料而达到预习的目的。

二、先修制度的优势

S11 赞赏的是非正规教育机构提供的课程提前开通学习入口。她认为这种做法能够促使学生主动参与,达到预习和自学之目的。教师的教学有备课、上课、课后评价与反思等过程,学生的学习同样有预习、学习、练习与复习等环节。对于教学或学习的效果而言,每一个步骤都有存在的价值,体现出环环相扣的递推性。相对于按时学习,提前学习满足了个体的好奇心和探索欲,更加符合学习的本质,突出了"闲逸的好奇",而非整齐划一的刻板训练。这样的前期探索也提高了对知识的准备度,能充分为学生的正式学习奠定坚实的基础。

先修制度保障了学习自由。提前开通学习入口,使学生有更多的选择决定何时开启学习。学生在前期探索的基础上,可以进一步决定在正式学习时应聚焦哪些内容、浏览哪些内容、忽略哪些内容。先修制度使学习更加符合学生自身的兴趣偏好、理解力差异、目标设置,等等。

先修制度提高了学习效率。在硕士研究生非正规教育中,学生具有绝对的选择权。他们既可以在熟悉的领域内继续拓展深造,又可以探索未知领域内的新知识。对于熟知领域内的知识,他们基本上不存在学习认知的困境。但对于未知领域的学习,就会面临一些知识结构上的障碍。特别是在专业跨度较大的知识学习中,单纯阅读材料并不能让学生很好地掌握知识技能,还需要一定量的练习甚至实践才能完成学习目标。比如,S11 作为文科生学习编程,有一定的难度,需要提前做好预习和训练。在这种意义上,先修制度有利于减少学生之间的差异,保证课堂教学的顺利开展,从而提高教学效率。当然,这种教学效率的提升,并不是通常所说的基于班级授课制而形成的规模效率,而是允许基础薄弱者提前学习来弥合差距。所以,先修制度对于学生、教师和教育质量都有好处,既促进了学生的自主学习,又减少了老师"面对异质学生进行统一教学"的难度,最终有助于教育教学质量的提高。

三、先修制度的劣势

先修制度也存在一些负面影响。比如,幼儿提前学习拼音、算术甚至写字,不仅学习效果差,而且有损儿童的健康,违背了基于"最近发展区"的"量力而行"和"渐进学习"等原则。再如,在中小学阶段,各种校外补习班不断利用"时间差",通过"抢跑"让学生提前学习校内知识,以便在校内考试中占得先机。

实施先修制度需要考虑前提与后果。需要考虑未成年人是否具备了相应的身心基础,以及是否会异化为应试的不良手段。

总之,在硕士研究生非正规教育中,先修制度有利于学生弥补知识缺陷、自主开展探索学习。从一般意义上讲,提前学习保障了个体学习的自由度和高效率,但要充分考虑学生的认知能力基础,避免导致学业过度竞争等问题。

"硕士研究生非正规教育的先修制度"思维导图如图 4-2 所示。

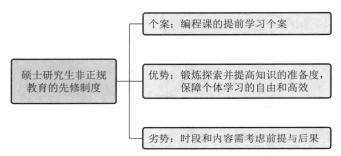

图 4-2 "硕士研究生非正规教育的先修制度"思维导图

第三节 硕士研究生非正规教育的助教制度

一般来说,硕士研究生非正规教育比学校教育为学生提供了数量更多、质量更好的助教,下文将基于个案开展分析。

一、助教制度个案

访谈对象 S3 和 S14 体验到了非正规教育的助教制度。

学前教育学专业的 S3 在校外学习英语口语,她说:"我们有大老师和小老师,大老师是讲课的老师,小老师就是助教。一般上完大课后,再开始一对一的小课。这时候助教会帮忙纠正发音,陪我们完成每天的口语训练,督促我们背诵,效果非常好。"

心理学专业的 S14 在校外学习英语,她说:"我选择的这个培训机构的课程配有助教,他会帮助解决我们一些问题,这是学校教育所没有的。这些助教一般是老学员,算是学长学姐,会教授我们一些学习方法,和我们进行交流。他们是学员和老师之间的中介,相当于多了一个沟通渠道,感觉很不错。另外,每周或是每个月助教会定期询问和检查学习我们的状况。这样也会给予我们一定的压力，督促我们学习。我觉得这样挺好的，我就需要这些外部力量的约束。"

S18体验到助教工作不力带来的遗憾。S18来自社会与发展学院的社会学专业，报班参加国际注册会计师考试辅导。她说："这个国际证书是很难考的，淘汰率高，大家都缺乏信心。即使参加了培训班，还是会觉得可能考不过，会白忙一场。所以我认为机构应该加强学员的心理建设，对这种消沉情绪要进行关注。比如说，当学员出现了心理问题时，助教应当帮着疏导一下。毕竟他们是过来人，我们可能没有那么强的预见能力或者掌控能力，他们可以给我们一些意见或建议，而不是遇到问题就躲，甚至销声匿迹。"S18虽然自学了一些会计学知识，但仍然面临跨专业考试的巨大压力。这让她感到非常吃力，无法平衡学校教育和非正规教育，迫切需要"过来人"的经验指导和情绪疏解，所以对于助教的缺位非常不满。

二、助教制度的优势

非正规教育中的助教制度非常普遍且广受好评。S3肯定了助教在学习中的辅导与监督作用，在助教"一对一"的叮咛与辅导下，她得以高效地完成学习任务，提高了学习质量。S14肯定了助教的中介性角色，认为助教为学生提供了多渠道的帮助。而且助教的工作富有弹性，能够满足学生多方面的需要，可以全面发挥对于学员的指导、督促、交流和激励作用。S18表达了对助教的期待。

助教的经验对于学员具有借鉴价值。大部分非正规教育机构中的助教是已经毕业的优秀学员，或者是在该课程领域有丰富学习经验的"老资历"。通俗点说，助教模式类似于"老生带新生"。根据班杜拉的替代学习理论，助教的学习支持相当于"过来人"的经验传授，这种经验分享能够大大提高后继者的学习效能。助教的经验传授、方法指导可以在一定程度上改善学生的信息不对称状况。

助教的陪伴对于学员具有慰藉意义。对于非正规教育中的学习者而言，他们往往没有学校教育中那种密切交往的同伴，成为学习中的"独行者"，所以会感到失去了交流与宣泄的通道，迫切需要外界支持。而助教的陪伴能够减少学员的孤独感，帮助学员坚定学习信念，疏解自怜情绪，从心理慰藉入手来提高学习质量。

三、对助教制度的借鉴

非正规教育中的助教制度对学校教育有借鉴意义。助教能够完成授课之外的辅助性工作,包括维护课堂秩序、批改学生的作业、解答学生的问题等,为授课教师教学提供协助。除了有形的课前督促学生签到、课中维持教学秩序外,助教还需要做好无形的课后学习支持。比如,帮助学生形成积极的学习情绪、指导学习方法以及检查学习效果等。助教除了具有专门授课教师的助手的身份之外,也是学生与教师沟通的中介。助教通过与学生之间的紧密交流,了解学生学习情况,通过对学生学习困境的把握,帮助教师及时了解学生,调整教学策略。助教还能为学生提供认知和情感等方面的支持,帮助学生建立积极的学习动机和学习信心,提高学习质量。

"硕士研究生非正规教育的助教制度"思维导图如图4-3所示。

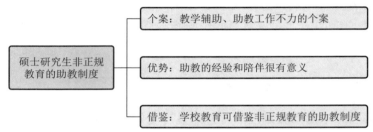

图4-3 "硕士研究生非正规教育的助教制度"思维导图

第四节 硕士研究生非正规教育的互动制度

硕士研究生非正规教育中,存在着相比学校教育而言更为灵活的互动制度,有利于营造更加活跃的学习氛围。

一、互动制度个案

美育学专业的S2在非正规教育中体验到了互动的乐趣。她说:"我喜欢在B站上搜索和学习专业知识。B站的弹幕功能非常好,大家有什么想说的就留言,相互交流。我一般不发弹幕,就是看看其他人都说了什么,遇到说得特别好的,我就点赞。这样很轻松,但也是一种参与。有弹幕会让你觉得自己不是孤零零的一个人,而是一堆人都在学,有一种'海内存知己,天涯若比邻'的感觉。弹幕功能非常强大,可以开放交流。现实中我们也渴望大家一起学,但即使面对面也会有些顾虑,比如因为'内卷',就不会那么坦诚。但弹幕很开放,有什么就发什么,还有回应和点赞,好像是大家一起在分担学习压力。"

文物与博物馆专业的 S17 也在非正规教育中体验到了互动的好处。她说:"我们的课程是网络直播,所以互动性很强。老师提问的时候,大家非常踊跃,学习氛围很好。通过互动,你会发现大家犯的错误带有共性,而且学员们一起上课,会有一种紧迫感。参与互动的人很多,当揭晓答案的时候,答对答错人数的比例都很直观。如果你没有选对,就会有些紧张,然后会更加努力地去学习。"

二、互动制度的优势

上述案例中弹幕和直播的作用在于营造了互动的情境。在 S2 个案中,弹幕在 B 站的作用更像是一种评论区或者小型论坛,学生可以在其中畅所欲言。在独自探索的自主学习中,弹幕聚集了学习者的思想和情感,一定程度上满足了个体的学习交流需求。学习者既可以在其中表达自己的思想与观点,也可以在别人的评论中发现有价值的内容。同时,该平台表达的自由性与开放性,形成了"高山流水遇知音"的情境,容易使学生因为观点类似而产生"天涯存知己"的互动体验。而 S17 个案中的互动体验,更像是一种群体位置的找寻,围绕共同的学习内容进行进度汇报,让学习结果更加直观,形成了类似"江湖论道"般的参照感和竞争感。互动制度通过语言或其他手段传播信息,加强了学生之间的联系和互动。

三、互动制度的困境

尽管非正规教育中的互动制度有一定优势,但在学校教育中互动制度的落实存在数量和质量方面的困难。一方面是互动数量难以保证。日常的学校教学通常是 40 分钟左右一节课,采用讲授法的教师需要完成内容导入、课程讲解、作业布置与答疑等环节。而且普通课堂班额往往为数十人,互动的时间安排和组织设计难度很大。另一方面是互动质量难以提升。大班额往往采用分组讨论,部分能实现班级范围的分组简短汇报。这样的讨论仍然具有隔绝性,不同小组之间缺少"刺激—反应"的实时互动,无法充分交流观点和见解,因而也很难确保教学效果。而在 S2 个案中,所有的观点都外显于众,刺激了后来者的"再创作";在 S17 个案中,所有学生的进度可以实时呈现,对学生形成参照和刺激。

四、对互动制度的借鉴

当前大力推行的混合式教学利于促进互动式学习。近来,线上教学得到了大力推广,线上线下结合的混合式教学也变得越来越普遍。混合式教学凸显了互动的必要性。基于网络进行课堂讲授,容易导致学习倦怠,学生因为缺乏参与感而容易走神和分心。同时,网络教学为互动研讨提供了更多技术支持,分享屏幕、实时汇总数据等操作变得更加简单,直播和录播可以轻松切换。各教育机构应当努力挖掘技术优势,采取多种形式加强互动研讨。这要求教师树立互动意识,重视学生良好的互动体验,促使他们积极参与教学,提高学生的学习能力、应激能力和表达能力。学生越积极参与教学,学习的质量就越高,获得感就越强,成长也就越快。如何激发学生主动参与,成为教师需要积极思考的问题。除了借助网络来拓展时空外,更需要反思教学理念和学习理念,思考怎样精炼讲授、怎样激发课前研读、怎样完善研讨细节、怎样汇总和升华研讨结果,从而使课堂更加符合互动学习的内在要求。

总之,学习中的互动制度非常重要,它符合人类的本性,能够有效促进学习。但互动学习在学校教育中实施难度较大,互动数量和质量方面存在局限。而学校教育中的混合式教学应抓住契机加以完善,以提高教学质量。

"硕士研究生非正规教育的互动制度"思维导图如图4-4所示。

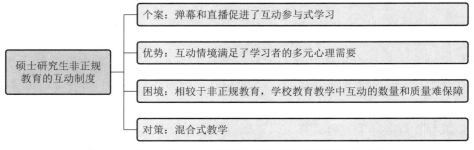

图4-4 "硕士研究生非正规教育的互动制度"思维导图

第五节 硕士研究生非正规教育的督促制度

在硕士研究生非正规教育中,培训机构普遍采用了各种形式的督促制度,有利于促进学生学习。

一、督促成功的个案

访谈对象 S4、S11 和 S13 体验到了督促制度的好处。职业技术教育专业的 S4 在校外学习英语口语，她说："老师会建一个微信群，把我们这批学员都放在一起。老师每天统计练习情况并进行公布，谁做完谁没做完，谁做得更快更好，都能看出来。我会关注自己的排名，不希望落后。如果某天我对排名不满意，第二天就会好好学。学员每周的练习情况老师也会统计并公布。每次排名我都比较靠前，就更有动力去学习，以继续保持榜首位置。所以，我的自我管理基于培训老师发布的学习情况统计表，而且我很享受每天学完之后去打卡，使我有一种打擂台赛的成就感。"

文艺学专业的 S11 在校外学习 Python 编程课程，"我受助教影响很大。晚上回来十点了，想要偷懒，但是看到助教发给我的一些提醒，就感觉被督促了。我会想今天快结束了，不做就违规了，也有点愧对助教，所以就赶紧把它做了吧。我每天完成学习任务，都离不开助教的督促。但在预习中，因为没有助教的督促，进度就比较慢。"

心理学专业的 S13 在校外学习钢琴，她说："我觉得校外学习有好的一面，即老师会要求你按时回课，这样所布置的任务基本上都能完成。我可能想偷懒，但一想到回课就紧张，所以会花很多时间去练。回课这种教学方式的确能督促我练习。"

二、督促失败的个案

访谈对象 S9、S17、S18 和 S20 体验到了督促制度的失灵。

中国现当代文学专业的 S9 在校外学习健身，她说："当我还保有热情的时候，我能感受到教练是带着我进步的，他布置任务我就去完成。可是当我的事情越来越多，或者说我的学习进入瓶颈期之后，他再采取这种枯燥的、一成不变的'给任务'方式就特别容易催生我的逆反情绪。如果他换一种方式来督促我可能更有效。督促不是简单的监督，而是真心实意地关心，是想帮助我进步，这样更容易让我接受，使我受到鼓舞，更愿意努力。"

文物与博物馆专业的 S17 在校外学习英语，她说："我有时候会缺课，比如因为有事情或者纯粹因为偷懒。这时候我就不会去理会培训机构的提醒。"

社会学专业的 S18 在校外参加国际注册会计师考试辅导，她说："我参加的培训，它的整个督促体系并不完善，更多的是考验我们的自主性。虽然也有督促，比如,最开始培训机构也建了一个学习微信群,以让大家互相督促,一起进步。但是这个群不够活跃,而且很快就没有动静了,所以我觉得培训机构在监督方面做得不好。"

法律专业的 S20 在校外学习 Photoshop 与 CAD 制图,她说:"其实我觉得在微博、朋友圈或微信群里打卡并没有什么意思,可以造假,也没有人知道真实状况。再说,打卡和不打卡又有什么本质区别呢?打卡了就学到了更多?所以,我认为这种做法简直是在浪费时间,还不如多学点儿呢。"

可见,访谈对象对于学习的外在督促存在两种不同的观点:一种观点是外在督促的效力很好,能起到督促学习的效果。另一种观点是外在督促纯属浪费时间,体现出屈从于外力而学习的被动性。这两种观点可以简称为"督促有效论"和"督促失灵论"。

三、督促有效论的机制

督促发挥了带动学习的积极意义。在非正规教育中,大部分学生需要外在力量的辅助。非正规教育是学生根据自身需求而自主选择的一种学习行为,其学习效果的好坏一般不会对个人发展起重要影响。因此,非正规教育中的偷懒成本相对较低,很多学生或多或少需要依靠督促或考试等外在压力,才能完成规定的学习任务。这种状况的出现,虽然有个人懒惰的原因,但也有学习挑战度的影响。学生需要兼顾学校教育和非正规教育,既要完成学校教育中的学习任务,也要完成非正规教育中的学习任务。在双重压力下,学生难免产生学习懈怠感。因而,一定的学习督促可以帮助学生减少偷懒。对于非正规教育机构而言,完善督促服务也是健全学习支持系统的重要内容。

督促基于师生互动而发挥了柔性激励价值。增加督促的技巧性,也是优化学生学习体验的有效手段。非正规教育中的督促有直接形式和间接形式之分。直接形式的督促通常以消息提醒的方式,告知和勉励学生参与学习或完成学习任务。间接形式的督促通常为一定的学习投入度展示、群体学习成果展示等,通过生成群体竞争氛围来激发学生的学习斗志。研究表明,学习督促与学习效果呈正相关关系,能有效提高学习的坚持性。[1] 所以,督促制度虽然一般不具有强制力,

---

[1] 方旭,崔向平,杨改学. 慕课学习支持服务满意度研究——基于结构方程模型的视角[J]. 开放教育研究,2016(5):76-85.

但对于非正规教育中的学生而言,督促制度对学生学习能起到一定的作用。

四、督促失灵论的机制

被动学习导致不可持续性。学习要想取得成功,离不开学生的自律精神和负责任的学习态度。督促虽然受到学生的欢迎,但能否有效且持续地促进学习,还需要督促者与学生保持深入而良好的沟通,发挥陪伴学习的作用,促进学业目标的达成。在非正规教育中,学生要真心认同教育机构的管理规则,将外在的督促转化为自身学习的行动力。不能内化的督促学习,属于被动学习,即使学生坚持了一段时间,这种学习也不具备可持续性。

即便是具有独立意识和学习能力的硕士研究生群体,也常常依赖别人或制度的督促。这可能是由于他们从小就在学习上受到外在的密切监督。父母、老师等督促者在其学习过程中扮演着重要角色。他们的学习自制力和主动性不强,因而即便是在高等教育阶段,也依然习惯外在的监督。

五、对督促制度的借鉴

增强学生学习的内在动机以降低外在监督需求是教育的努力方向。隆恩·弗莱在《如何学习》一书中认为,学习既需要内在的动力,也需要外在力量的支持。外在动力,可以帮助人们完成一些无聊,甚至令人感到不愉快的工作。[①] 当学生的内在动力不足或者有所懈怠的时候,发挥外在力量的作用,可以让学生更好地学习。外在力量可以不受个人因素,如懈怠和情绪性问题的影响,而促进学习。在肯定外在力量作用的同时,学校和家庭更需要强调内在动力的生成与发展,积极促进外在动力的内化,逐步减少外在力量的比重。

改进家庭教育、学校教育和社会教育才能逐步实现终身教育。叶圣陶说"教是为了不教",那么,我们想说督促学习是为了不督促也能学习。在终身教育时代和学习型社会中,人需要终身学习,需要进行自主性和自律性学习,而不是依靠外在力量进行被动学习。以监狱和学校为例,前者通过严苛的监督和惩罚来改造人,后者通过正面管教来立德树人。前者的改造体现了监督的外在性和被动性;后者的育人作用短期内难见成效,但教育经历在人的发展中扮演着"底色"

---

① 〔美〕隆恩·弗莱 . 如何学习 [M]. 蔡朝旭,译 . 广州:新世纪出版社,2001:54.

作用,彰显了教育的内在性和主动性。所以,儿童早期的家庭教育以及中小学阶段的学校教育都需要重视教育过程,系统培养良好的学习习惯。从这个意义上说,对硕士研究生非正规教育持督促有效论者值得庆贺,因为外在力量促进了学习;而对督促失灵论者来说,其可能面临巨大挑战,甚至导致暂时性学习紊乱。但其如果坚信"内力是外力的源泉",并能经受住"无督促"的考验,则其更容易提高学习的自律自觉水平。

总之,在硕士研究生非正规教育中,大多数机构会提供督促服务,这在一定程度上弥补了学生学习动力不足的缺陷。但是从督促效力来看,这种外在督促能否促进学生学习,还与学生个人的因素有关。外在督促有效还是失灵,反映出学生对他律的依赖性差异。为了促进学生从他律到自律的转变,家庭、学校和社会教育需要践行"为了不督促而督促",学生也要努力增强自律能力。

"硕士研究生非正规教育的督促制度"思维导图如图4-5所示。

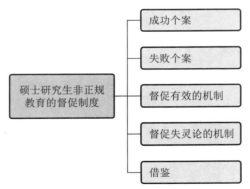

图4-5 "硕士研究生非正规教育的督促制度"思维导图

第六节 硕士研究生非正规教育的学业汇报制度

在硕士研究生非正规教育中,培训机构往往比普通学校更加重视学业汇报,有利于"以展示推动学习"。此经验值得学校教育加以借鉴。

一、学业汇报制度个案

S13和S16体验到了非正规教育中的学业汇报制度。

心理学专业的 S13 在校外学习钢琴,她说:"我所在的琴行,每年都会举办专门的音乐会。学员自主报名参加表演,可以组建乐队。当时我也参加了,当乐队的键盘手,大家都很开心,也培养了感情。因为有这个活动,所以我们的乐队成员比较固定,平时大家也会自发地找一些曲子来练,我觉得挺好的。"

马克思主义基本原理专业的 S16 在校外学习英语,她说:"培训机构的教学有一些和学校不一样的地方。比如,外教让我们围成一个圈,用英语进行沟通或做游戏,逼着你不得不开口。还举办过全英文环境的跳蚤市场,形式多样,非常接地气。这些沟通和活动,让我们更贴近生活实际,能够体验更加真实的语境。"

对于 S13 以及 S16 而言,学业汇报让她们能够深入现实情境,体会知识与技能的运用,增强学习的动机。

二、学业汇报制度的优势

上述个案中培训机构的创新之处在于用汇报代替考试。在 S13 个案中,她经历过钢琴培训机构举办的舞会、音乐会等实践活动,感觉收获满满,体会到了学习的价值,获得了内心的丰盈。在 S16 个案中,她在英语培训机构参加了英语游戏和模拟生活场景的英语应用,体验到英语学习的用处。这种检验学习成效的方式可以统称为"学业汇报制度"。它是一种对学业的检验和总结性评价,不同于学校通常采用的考试手段。

学业汇报比学业考试更加具象化。考试给人的感觉是"白纸黑字",所有的本领需要通过答题来呈现。这容易导致"重知识轻能力",因为外显知识容易通过书面考试来衡量,而缄默知识难以测量。考试是抽象的,汇报是具象的,能承载更多的能力和创意。比如 S13 参加的音乐会和 S16 参加的英文游戏,兼顾培养学生的专业能力和组织参与能力,更有利于学生全面素质的培养。

学业汇报比学业考试更加人性化。人们通常用"学海无涯苦作舟"来强调学习需要付出努力。因为学习是一件辛苦的事情,需要用学习的价值来战胜畏难情绪。但现实中很多大学生体验不到学习的价值,失去了曾经"决胜高考"的价值激励,学习努力度不够,学习投入度不足,感到专业价值不明、对专业情感不足。而学业汇报跟学业考试相比,更能直观呈现专业的价值,能够通过具体的情境让学生了解专业的用途、专业人士的表现以及专业的社会价值。这些"舞台效果"能够增强学生日常学习的动力,有利于"回归初心",让学生理解学习的意义。直接展示学习成果更符合"看得见回报"的心理需要,更符合"算计投入产出成效"

的功利主义"人性",更能增强学生的专业认同感和专业情感。

三、学业汇报制度的困境

虽然非正规教育较重视学业汇报,但当前学校教育中的学业汇报并不多见,只有类似的学生汇报可以进行比较和分析,如非考试、非课程论文型的学业考核。有些大学的选修课程教师会创新考核形式,注重考查学生的研讨参与度,或者要求学生以作品设计来展现学习成果。这种汇报形式体现了学生的创意,比书面考试更加鲜活可感。但因为现实条件的不足,甚至连时间、空间等条件都难以满足,所以这种汇报形式在考试考核中的占比不高。从这个方面来说,学校教育很难超越书本、课堂和校园来组织现实仿真的育人活动,想要实现杜威所说的"教育即生活""学校即社会"非常困难。

四、对学业汇报制度的借鉴

高校应当创设更多的情境来扩大学业汇报的应用面。学业汇报的精髓在于创设真实的专业应用情境,将知识应用于现实,实现学习情境的转移。《人是如何学习的:大脑、心理、经验及学校》一书强调了学习的情境性,认为知识的提取与情境相关,教学应当考虑情境因素,促进学生的学习。初始的学习情境也会影响学习迁移,人们有可能在一种情境中学习,但很难迁移到其他情境中。[1] 学校教育的最终目的是帮助学生把从学校学到的知识迁移应用到家庭、社区和工作场所等日常场景中。[2] 因此,学校教育应当让学生在具体的情境中学习,引导学生努力发现问题并尝试解决问题。在学校教育中,除了获得学历证书外,学生也要考虑自身的发展,注重通过知识与技能的获得来追求自我实现。因此,如何获得有效的知识,如何在实际的生产生活中应用所学知识,就成为学生关心的核心问题,也是学校教育的努力方向。为此,学校教育应当克服"孤岛"状态,加强与校外力量的合作,让学生有更多的机会直接接触与学业相关的真实情境,达到耳濡目染式情境育人的效果。从这个意义上说,学业汇报不是离开专业知识的"表

---

① 〔美〕约翰·D. 布兰思福特. 人是如何学习的:大脑、心理、经验及学校 [M]. 程可拉,孙亚玲,王旭卿,译. 上海:华东师范大学出版社,2005:65.

② 〔美〕约翰·D. 布兰思福特. 人是如何学习的:大脑、心理、经验及学校 [M]. 程可拉,孙亚玲,王旭卿,译. 上海:华东师范大学出版社,2005:75.

演",而是校外实习实践的先导,是校园之内的专业演习。

高校应当重视学生直接经验的拓展和获得。有效的直接经验,能提高学生应用知识的能力,促进学生对于情境性问题的解决。提高学生学习知识、应用知识的能力,是实现高质量教育的有效途径,教育管理者应当注重制度创新,促进学生直接经验的获得。高校可降低学业考核中考试和论文的比重,给教师更多的考核自主权;教师应以学生为中心,鼓励学生发挥学习的主动性和创造性;高校应提供更多的学术性或实践性项目,让更多的学生有机会通过综合性问题提高自主解决问题的能力,体验到专业学习的价值感和效能感。

总之,学业汇报比考试更能直观地呈现学生的学习成效,体现具象化的优势,通过有形的目标激励来促进学生学习。学校应当创设更多的情境,增强学生学习的意义感和趣味性。

"硕士研究生非正规教育的汇报制度"思维导图如图4-6所示。

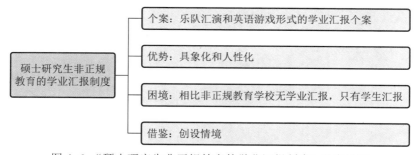

图4-6 "硕士研究生非正规教育的学业汇报制度"思维导图

第五章

硕士研究生非正规教育中的人际交往

　　非正规教育是有目的、有计划的系统性教育活动,在教育过程中存在着教育者和受教育者的互动。与正规教育相比,非正规教育具有一定的松散性,因而教育者和受教育者的交往具有更大的灵活性和多样性,比如更加随意、更有生活色彩等,常常显得无组织、无计划。但这些恰恰符合非正规教育的特性,能够对学生产生潜移默化的教育影响。本章基于深度访谈探讨硕士研究生非正规教育中蕴含何种师生交往和同伴交往,并分析这些交往如何影响学习氛围、学习体验和学习成效。

第一节　硕士研究生非正规教育中的师生交往

师生交往具有重要的教育价值。教育是"教师的教"与"学生的学"共同发挥作用的双边活动,其中的师生交往是一种重要的教育性交往。比如《学记》所述"学然后知不足,教然后知困。知不足然后能自反也,知困然后能自强也,故曰教学相长也",就展示了师生交往的教学相长意义。这种教育规律贯穿古今——师生基于各自的文化背景、生活经历和生命感悟,能够在教育中相互砥砺、共同成长。我们针对硕士研究生非正规教育中的师生交往进行了调查,发现其存在普通型交往、精神性交往和利益型交往。

一、普通型交往

S3 和 S14 体验到了聚焦于学习内容的普通型交往。

S3 来自教育科学学院的学前教育学专业,在校外学习英语口语。她说:"我跟我的一对一助教交流得很好,我觉得她对我很实在、很真诚。而且她对我的帮助不局限于学习方面,她还告诉我很多关于生活、关于工作、关于未来的事情,对我很有帮助。"在非正规教育中,助教制度较为普遍,其中学生与助教的交流交往是最为密切的师生交往,这种交往受到学生的广泛好评。

S14 来自心理学院的心理学专业,在校外学习英语。她说:"我报过一个为期大半年的外国期刊学习课,助教小姐姐会帮忙整理笔记。我们自己做的笔记,她课后会花时间进行点评和指导,教给大家一些记笔记的好方法。有了她的指导,我在记笔记方面比过去厉害多了。"

这种普通型交往促进了非正规教育中学习的深化和内化。其聚焦于具体学习内容,甚至超越了课堂范围内的师生交往,不仅提升了学生的学习能力,帮助学生掌握学习之道,而且引领了学生的成长。所以,访谈对象对于助教所给予的方向指引和学习方法指导,都有较高的评价,也非常感恩得到这样的教诲。实际上,学习就像是一场冒险,前路迷茫。有时候,学生无法判断自己能否胜任这种挑战,也无法预见其中的困难与艰险,常常心生迷茫。而学生在与助教的交流中,能够得到助教在经验、方法等方面的指导,减少了学习障碍、克服了学习恐惧、提高了学习质量。因此,访谈对象认为与非正规教育中的助教交往很有裨益。

二、精神型交往

S7 因老师的人格和情操高尚而体验到了精神型交往。S7 来自教育科学学院的教育史专业,在校外学习国画。她说:"我非常敬佩我们国画老师的人品。她非常注重对学生进行鼓励。比如当我没画好时,她会说:'没关系,你画出了自己想画的东西,这很重要。'因为她从来不批评和贬低别人,就让人感觉很温暖。所以我在学业压力很大、很忙的时候,还想去学国画,就是觉得她会给我很大的鼓舞。另外,比如中秋节、国庆节,很多人可能因离家远,不能回去,她会喊大家过来聚一聚。我们一起包粽子、做游戏,非常开心。而且活动费用都是她自己掏钱,从来不让学生分摊。她会让我们真正体会到一种崇高的境界,一种'师者'的风范。"可以看出,S7 非常喜欢国画老师,欣赏老师"不以营利为目的"的办学方式和无私奉献的人格。她被国画老师的人格魅力所折服。也正是这种人格魅力让她坚持学习国画,直到毕业。

非正规教育中的精神型交往实现了师生间的情感激励和价值升华。S7 能够充分感受到老师的情感关怀。一方面,老师在平时的课堂中以鼓励支持为主,给予学生关爱和信心;另一方面,在课堂之外,老师会举办各类聚会活动来维系师生情感,给予学生"家庭般的温暖"。能够获得如此深层次的师生交往,是学生的一种幸运。因为在以盈利为主要目的的非正规教育中,教师的教与学生的学具有明显的等价标定关系,不少教师把自己看成"教书匠",只注重知识的传授,基本不与学生交流交往;或者只是形式化地进行必要的知识答疑,师生关系的淡漠与异化较为普遍。

良好的情感是交往的基础。良好的情感交流往往能促进精神层面的互动,达到"神交"的境界。以高尚的人格、积极健康的情感来影响人,更是教育活动或教育交往活动的重要目的,是培养人、发展人的有效途径。[①] 在这个意义上,"以情化育"具有重要价值和意义,在正规和非正规教育中同样重要。以情感为基础的教育关怀更加具有教育的后发力量,有利于实现教育的情感激励和价值升华。

三、利益型交往

S3、S6 和 S18 体验到的是没有特别的互动的利益型交往。

---

① 周芳. 当代大学教育交往:师生交往问题的研究与对策 [J]. 扬州大学学报:高教研究版,2005(1):87.

S3来自教育科学学院的学前教育学专业,在校外学习英语口语。她说:"我平时跟那些上课的'大老师'交流不多,仅限于上课听他们讲解知识。其实那些'大老师'都是培训机构的代表,让我们续课。我当时没有续课,觉得没有什么必要。这时,'大老师'和我有了一些交流。他很积极地劝我继续学习,然后考雅思,考托福,以后争取出国留学。但是我针对自己情况考虑了一下,并没有这个打算,所以我很坚定地拒绝了续课,后面'大老师'就不怎么理我了。"在S3看来,"大老师"的"积极"交流,实际上是一种"无事献殷勤",带有利益化的虚情假意,这种不真诚的交往令人反感。访谈中绝大多数学生缺乏与非正规教育机构中教师的近距离交往,对于师生交往"无感",属于利益型交往。

S6来自教育科学学院的教育学原理专业,在校外学习街舞。她说:"老师就是上课的时候指导一下动作,没有什么其他的互动。"

S18来自社会与发展学院的社会学专业,在校外参加国际注册会计师考试辅导。她说:"我们的师生交往不多,因为这个老师不是常驻老师,就只能在微信上聊聊。发微信她不一定回,或者回复得不及时。"

利益型交往会导致无利不交和趋利营销。在非正规教育中,虽然教师作为教育者的身份承担教学工作,但其"知识售卖者"的身份也显而易见。教师与学生交流交往的利益型倾向,破坏了师生之间的教育性交往,深受学生诟病。访谈对象普遍反映非正规教育机构中的师生交往不足,尤其缺乏实在的、以情感交流为基础的师生交往,凸显出"无利不交"的现状。一旦教育性让位于商业性,非正规教育中的师生交往就会因"铜臭气"而使人反感。

总之,良好的师生交往有助于树立学生的学习信念、产生积极的学习情绪,甚至发挥精神引领作用。相比较而言,师生"以道相交"是"发乎知识,止乎课堂";师生"以神相交"是"发乎课堂,止乎人生";师生"以利相交"是"发乎报班,终乎拒绝"。这三者的教育性呈现出云泥之别。

"硕士研究生非正规教育中的师生交往"思维导图如图5-1所示。

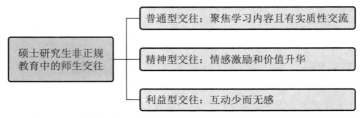

图5-1 "硕士研究生非正规教育中的师生交往"思维导图

第二节　硕士研究生非正规教育中的同伴交往

同伴是学习者所接触的"重要他人"。同伴交往以言语交流、情感表达、替代性经验等形式,对学习者的学习心理和学习行为产生直接或间接的影响。在硕士研究生非正规教育中,考察同伴交往状况,可以更好地理解同伴因素对于学习效果的影响。我们对硕士研究生非正规教育中的同伴交往进行了调查,发现有驱策型、表率型、虚设型和缺失型等类型。

一、驱策型同伴交往

访谈对象 S6 和 S8 经历了驱策型同伴交往。

S6 来自教育科学学院的教育学原理专业,在校外学习街舞。她说:"刚开始考虑要不要报班的时候,我挺犹豫的,因为街舞的运动强度很大,我怕坚持不了。但是上了体验课后,我就和我的同伴说,我第一次觉得跳舞原来这么开心,虽然跳的时候很累,但是跳完感觉很舒服。乐曲动感十足,会让你不由自主地跟着音乐动起来。那种快乐的感觉是我之前没有体会过的,跟看别人跳舞完全不一样。然后我同伴说,你就是要关注那一点点的快乐,因为快乐所以要做。我觉得她说得很对,我要为获得那一点点的快乐而去跳舞。"在 S6 的学习历程中,同伴的积极鼓励和情绪疏解,为其提供了强大的精神动力。

S8 来自教育科学学院的学前教育学专业,在校外学习英语流利说。她说:"有的时候在学习上遇到困难,比如说进入瓶颈期时,大家会在微信群里吐槽一下,互相安慰、鼓励,就觉得又找到了出口、动力和方向,可以'满血复活'了。"可见同伴交往对于学习非常重要,同伴在学习过程中能够相互分担压力,给予彼此精神支持。

S6 学习街舞的最大诱因在于其室友,她是狂热的街舞热爱者,喜爱跳舞并经常在宿舍里分享街舞视频。S6 在室友带动下,对街舞产生了浓厚的学习兴趣。尽管 S6 存在身体素质劣势,但同伴激励提供了精神支持,促使其勇敢面对挑战。可见,同伴的精神支持可以表现在学习选择和学习过程两方面。在学习选择方面,非正规教育内容的确定有时具有偶然性,存在模仿他人的状况,也会体现出某种偶然性或人际缘分;在学习过程方面,同伴支持促进了其对学习的坚持,比如 S8 通过向同伴倾诉学习困境、分享学习感受,厘清了学习认知,调整了学习状态,从而有利于保障学习活动的持续进行。

二、表率型同伴交往

访谈对象 S1、S3、S4、S8 和 S16 经历了表率型同伴交往。

S1 来自教育科学学院的美育学专业,在校外学习舞蹈。她说:"我的舞友非常积极,尤其那些比较有空的人,通常都去得比较早,然后打开音乐提前练。这个时候我就觉得气氛很好,大家都那么积极主动、精益求精。我也会跟着大家一起练舞,强化自己的记忆,达到熟练水平。"可见,S1 体验的同伴激励,源于同伴之间浓郁学习氛围的创设。

S3 来自教育科学学院的学前教育学专业,在校外学习英语口语。她说:"一般在校外学习英语口语的很多是各大高校的学生,大家都挺有想法的,学习也很认真。看到他们,我觉得自己也要努力学习,不然就是浪费时间,不进则退。"

S4 来自教育科学学院的职业技术教育专业,在校外学习英语口语。她说:"我在校外学习主要受本科同学的影响。我们本科读的很普通,但她很上进,考上了中国人民大学的研究生。她非常自律,到什么时间就做什么事,不会偷懒或拖拖拉拉。这种精神感染了我,我也会跟随她的脚步去做,拿她当榜样。通过她,我认识到学习是终生的事业,即使上了研究生也不能懈怠。而且她对英语非常重视,这也让我坚定了决心,不放弃英语学习。"S4 在与榜样同学的交往中,找到了学习的价值与意义。

S8 来自教育科学学院的学前教育学专业,在校外学习英语流利说。她说:"我们这批学员建了一个大群,里面有各种身份的人。其中有一个人特别厉害,我印象很深。他在一个大公司里当总经理,每天都非常忙,还有两个孩子,但是他每天都能打卡一个小时左右。有时候我很想偷懒,但看到他,就会想我每天在学校也没干什么事,任务就是学习,而他每天有那么多工作还坚持打卡。相比之下我很惭愧,然后又能坚持学一会儿。"

S16 来自马克思主义学院的马克思主义基本原理专业,在校外学习英语。她说:"我在校外学习的口语课要求每个人都参与小组交流,每天有半小时的口语练习和打卡任务。我和我的搭档每天晚上 9 点在宿舍楼下打卡,从冬天坚持到了夏天。有时候我也想偷懒,但是每次都会顾及我的搭档,觉得不能辜负她,所以就这样一直坚持了下来。"

基于社会比较的行为强化和榜样学习产生了积极的效果。鲁博尔等人的研究发现,学生从一入学就开始与同辈进行社会比较,到九岁时就经常使用社会比较来评价自己的能力。[①] 对于渴望得到社会认同的大学生而言,社会比较是其认识自我并塑造自我的重要途径。在社会比较中,重要他人作为学习同伴中的焦点人物,对学生的社会比较具有重要影响。学习同伴和重要他人的一举一动、一言一行可能引起学生的注意,引发其他学生的模仿性学习行为。学生就是在与学习同伴和重要他人的交往互动中,经历"比较—自省—调节—塑造"的过程,从中获得相应的学习支持。

基于同伴合作的小组互动和行为激励做出了表率。同伴交往也体现为同伴合作,无论是双人合作还是小组合作,都需要频繁的互动,以激发学生的积极性和创造力。合作学习理论的代表学者斯莱文认为,同伴间的合作学习能够有效地提升小组成员为达成共同目标而努力的动机。[②] 合作学习中的正式或非正式联合,形成了学习共同体,促进了成员之间的相互鼓励。同伴合作将个人学习力转化为集体战斗力,有助于共同克服学习懈怠,加强持续学习的动力与信心。

基于学习同伴的情感激励和信心维护做出了表率。同伴交往除了体现在言语表达层面外,还体现在行为模仿层面;既能增进学识技能,又能涵养情感与信心。在共同学习的过程中,同伴是最重要的参照者和陪伴者,相同的学习经历使其彼此信息融通、情境相同,对各种困难能够感同身受。在双人或多人的同伴关系中,优异者往往自带"榜样"光环,成为"意见领袖",对其他同伴的学习产生参照和指导作用。而来自同伴的表扬和理解,也能弥补学习中的失落感,满足学生的社交需要、尊重需要和自我实现需要。在这个意义上,学习同伴是非常亲密的伙伴,带有"亦师亦友"的性质。日常学习中的倾诉情绪、表达自我、反思感悟,有利于形成情感支持,帮助学生克服困境、树立信心、增强毅力。

三、虚设型同伴交往

访谈对象 S11 和 S18 经历了虚设型同伴交往。

S11 来自文学院的文艺学专业,在校外学习 Python 编程。她说:"我们当时

---

① 龙君伟,曾先. 论同辈学习环境及其作用机制 [J]. 教育理论与实践,2004(12):49.

② 张俊超,李梦云. 过程性学习评价如何影响大学生学习投入及学习效果——基于"H 大学本科生学习与发展调查"的数据分析 [J]. 高等教育工程研究,2015(6):123.

有一个微信群,大家在群里一起交流,共享问题,把它当作解答问题的渠道。因为写代码的时候经常会发生很奇怪的状况,所以大家会在群里共享一些问题,也会积极解答其他人的问题。但其实对于我而言,我和学习编程的小伙伴并没有太多的交流,更多的交流来自实习同事。"S11 因为有实习同事指导,从学习群组中收获得不够多,但主要还是自身原因造成的。

S18 来自社会与发展学院的社会学专业,在校外参加国际注册会计师辅导。她说:"我们虽然也有所谓的学习'班级',但这个班是临时组成的,而且是不同专业的人聚在一起,缺少足够的共同点,并没有形成互帮互助。"国际注册会计师的考试难度比较大,以自学为主,所以学习群组不会像语言学习类那样热闹。

网络学习群组的存在得益于科技赋能。随着互联网的飞速发展,教育领域的沟通也从原来的线下面对面交流慢慢转向线上的虚拟交流。在非正规教育中,教育机构普遍成立了专门的网络学习群组,作为学习服务的载体。一般而言,网络学习群组的建立旨在构建学习交流社区,学生可以在其中交流学业困惑、表达学习感受,从而增进学生之间的互动,提高学习质量。

S18 经历的非正规教育中的同伴虚设反映出教育机构疏于引导与服务。有些培训机构仅仅通过建立网络学习群组来提供交流渠道,却忽视沟通质量的提升,使得网络学习群组徒有其表。实际上,这也与培训机构的营利性有关,即课程提供方忽视学习效果,重招生轻培养,不愿投入过多资源来提高支持服务的质量。但从长远来看,教育服务质量关乎培训机构的社会声誉,应该通过更细致的服务来获得消费者的信赖。

同伴虚设也源于学习者的互动意识淡漠。有些学生对于学习交流的主动性不高,学习互动意识不强,不注重直接经验的获得。帕斯卡雷曾指出,学生之间的生生互动对于学习产出具有重要作用。它是学生互相交流、主动探索的重要途径,学生可以通过亲身实践,基于一系列的探索活动,从中获得直接经验。从教育学和心理学来看,学习是"通过经验转化创建知识的过程,知识来源于经验的获得和转化过程的综合"[①]。这里所说的直接经验和间接经验是一种相对的划分,比如"基于同伴交往的学习"是直接经验的学习,通过交流和互动来增长学识技

---

① Kolb D A. Experiential Learning: Experience as the Source of Learning and Development[M]. Englewood Cliffs, NJ: Prentice-Hall, 1984: 41.

能;而"基于书本课程的学习"具有更明显的间接性,是对间接经验的学习。直接经验的获得更容易为知识积累与能力储备打好基础,也能兼顾知识消化与情感交流,达到"寓教于乐"的效果。

四、缺失型同伴交往

S5 来自教育科学学院的教育学原理专业,在校外学习线上日语课程。她说:"我学日语时非常希望有个伴儿,可惜这种网课很难有伴儿。这可能跟我从小到大的学校教育经历有关,我希望有个人跟我一起做一样的事儿,不管学什么,身边都有个伴儿一起做。但其实你会发现,在学校越到后面越难找到伴儿。哪怕偶尔遇到一个,相伴一段时间,也不能一路走到底。所以很多时候、很多事情需要自己面对,想要靠伙伴、靠外界,都挺难的。"她对于线上日语学习中的同伴缺失,深感遗憾和无奈。

正如 S5 所言,学校教育中的学生,习惯了学习陪伴,希望身边的伙伴与自己做同样的事,以减少孤独带来的不安,哪怕在学习上没有太多交流,仅仅是形式上陪伴,也能从中获得心理安慰。这种心理需求源于学习者对群体归属感的依恋。归属是指个体与所属群体间的一种内在联系,是个体对特定群体及其从属关系的划定、认同与维系。① 归属感反映了个体对从属关系的依附心理,是在从属关系中获得的安全感和落实感。有研究表明,研究生具备专业归属感,但群体归属感不足。这是因为研究生导师制及分专业学习与研究,能够使硕士研究生感受到专业归属感;但研究生常常以个体为单位开展学习,研究选题各异,学习和生活都在狭小的专业领域之内,就会使其缺乏群体归属感。② 非正规教育与此类似,人际交往空间非常有限,学生常常处于孤军奋战的状态,缺少群体归属感。

总之,同伴交往在硕士研究生非正规教育中对保障教育质量、提升学习效果中具有重要作用。同伴交往能够提供为学生精神支持而发挥驱策作用,能够通过榜样带动而发挥表率作用,从而有利于学生稳定学业情绪、积极参与学习活动。相反,无同伴状态则会使学生缺少群体归属感而感到孤独。

"硕士研究生非正规教育中的同伴交往"思维导图如图 5-2 所示。

---

① 张大均. 教育心理学 [M]. 北京:人民教育出版社,1999:242.
② 高静. 论规模化培养背景下研究生群体归属感培养 [J]. 高教论坛,2011(2):101-103.

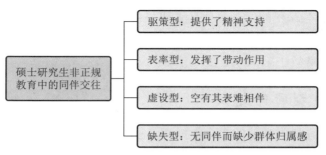

图 5-2 "硕士研究生非正规教育中的同伴交往"思维导图

第三节 硕士研究生非正规教育中的学习氛围

学习氛围是一个学习群体整体的学习态度、兴趣、努力程度以及投入度的体现,是学习群体学习风气的反映。良好的学习氛围能激发学生的学习动机,使其对学习保持较高的兴趣。[①] 因此,塑造良好的学习氛围,对于激发学生的学习潜力并提高其学习质量具有重要的意义。我们调查发现,硕士研究生非正规教育中的学习氛围有宽松型、自主型和功利型。

一、宽松型学习氛围

访谈对象 S7 和 S15 体验到了非正规教育中的宽松型学习氛围。

S7 来自教育科学学院的教育史专业,在校外学习国画。她说:"绘画班里的同学都很爱国画,他们通常会画到很晚。有时时间已经很晚了,我们就放松下来,开始聊天、讨论,老师有时候也会开玩笑。但老师在正式点评的时候很严肃,很正式地给大家提意见和建议。但整体气氛是轻松自在的,大家也真的想学,学习劲头很足。所以在那样的氛围中,我也能坐很久,一坐就是四五个小时。"可见,在校外非正规教育机构中学习绘画对 S7 来说很有意义,通过与画友的交往,她真正体会到了绘画的乐趣。

S15 来自公共管理学院的行政管理专业,在校外学习韩语。她说:"相比于学校,非正规教育机构中培训班的氛围更加轻松一点,老师和学生说话也比较随

---

① 刘惠军,李洋,朱丽雯,等. 教师的自主支持与学生内部动机和胜任感的关系 [J]. 河北大学学报:哲学社会科学版,2006(2):26-30.

意。同学之间经常开玩笑,边讨论边逗乐。大家在微信聊天时也经常发一些表情包,很自在。"S15跟S7一样感受到了学习氛围的轻松自在。

在非正规教育中,学生主动选择学习内容,跟在正规教育中相比具有更高的学习主动性与积极性,容易形成好学的氛围,达到乐学的状态。比如S7在国画学习中,跟随一群志同道合者共同坚持练习、追求梦想,形成了轻松自在的学习氛围。在这种氛围下,S7由乐学转向"痴"学,达到了身心合一的学习状态,全身心沉浸其中。沉浸理论认为,当人们进入沉浸状态时,会集中注意力,全身心地投入,完全无视不相关的知觉。因此,进入沉浸状态的学生会忽视学习的辛苦,愿意付出更多。S7沉浸于在校外学习国画既源于自身的兴趣,也受益于良好的学习氛围。

相比于学校教育,非正规教育被视为补充教育,其中的教师也不是严格意义上的教师。因为在学生看来,培训机构中的教师具有"服务者"身份,学生和教师之间存在"买方和卖方"的关系。学生更愿意突破传统师生角色的限定,以平等的视角来处理二者之间的关系,因而容易形成轻松自在的学习氛围。

二、自主型学习氛围

S1、S3、S4、S8和S17都体验到了非正规教育中的自主型学习氛围。

S1来自教育科学学院的美育学专业,在校外学习舞蹈。她说:"我的舞友里面,有些人总是去得比较早,跟着音乐自己练。我就觉得这样的气氛特别好,很佩服她们的学习热情,也督促我不要偷懒。"

S3来自教育科学学院的学前教育学专业,在校外学习英语口语。她说:"我觉得学习氛围很好,因为都交了学费嘛,大家就很努力。上课的时候,大家都认真听讲、做笔记。一对一训练的时候,大家也会很积极地跟助教交流。总之,大家都很好学,不会浪费学习机会。"

S4来自教育科学学院的职业技术教育专业,在校外学习英语口语。她说:"老师会在微信群里出题,让大家答题。我发现同学们发言很积极,虽然是在线上,但气氛很好,并不觉得虚拟课堂不够活跃。"

S8来自教育科学学院的学前教育学专业,在校外学习舞蹈。她说:"我们的课堂氛围很好,本来报这种课程都是自发自愿的,都是因为喜欢才来的。大家会互相帮助,动作不会就找会的人教一教,非常主动,不会敷衍自己。"

S17来自社会与发展学院的文物与博物馆专业,在校外学习英语。她说:"在我们的直播课上,老师经常会就一些问题进行提问,有时也会随机抽取同学进行现场连线。老师提问的时候,大家非常踊跃,学习氛围很好。"

自主型学习氛围的形成得益于教师角色的良好发挥。有些自主型学习氛围体现出教师主导的特性。教师通过教学活动设计激发学生主动参与,从而营造出积极参与、共同进步的学习氛围。巴巴拉·L.麦库姆斯和詹姆斯·E.波普在其著作《学习动机的激发策略:提高学生的学习兴趣》一书中认为,学生的不安全感会导致学生消极的学习情绪,从而退缩。互相信任和尊重的环境,可以降低学生的不安全感,激发其学习动机,帮助其保持最佳的学习状态。[①] 在以教师为主导的自主型学习氛围中,师生构建了安全和信任的学习环境,产生了良好的学习效果。

自主型学习氛围的形成得益于学生的主观能动性的发挥。有些自主型学习氛围体现出学生主导的特性。学生经历了课程选择阶段的兴趣导引和价值建构,对于学习内容的认同度很高;在学习中受到优秀同伴的感染,形成了主动积极的学习状态。访谈发现,在非正规教育中,学生的学习参与感普遍比较强烈,他们大多能主动参与到学习活动中。在以学生为主导的自主型学习氛围中,学生的自发性得到了彰显,再加上榜样示范作用,更能形成群体合力,激发出较强烈的学习热情。

三、功利型学习氛围

S13 来自心理学院的心理学专业,在校外学习钢琴,她说:"艺术教育中比较不好的一点就是,整个行业都流行考级。到了钢琴考级的季节,大家都在练考级的曲子,训练老师也会说只要把前面弹好就行了,后面的不用管,考官听不了多久的。训练老师就这样赤裸裸地告诉我们这些实情,让我们偷奸耍滑。这样的话有时候也会助长我的偷懒行为。但实际上音乐是一个完整的体系,这样的投机取巧行为根本行不通,看起来是应付了考官,其实是应付自己。既然要应付,又何必学呢?"

功利型学习氛围违背了教师"学为人师、行为世范"的育人准则。库恩等人认为,师生之间具有"共生关系",当教师重视和强调有效教育实践时,学生更倾

---

① 〔美〕Barbara L McCombs, James E Pope. 学习动机的激发策略:提高学生的学习兴趣 [M]. 伍新春,秦宪刚,张洁,译. 北京:中国轻工业出版社,2002:148-149.

向于高水平的投入,而教师通过设计不同类型的任务,也可以提升学生学习投入程度、影响其学习方法。[①] 教师作为学生学习的引导者,其态度和行为都会对学生的学习产生潜移默化的影响,甚至会影响学生的长远发展。因此,非正规教育中,教师要谨慎言行,不能违背教书育人的根本原则。

功利型学习氛围破坏了学生的学习成效。一般而言,面向考级和考证的非正规教育,往往具有极大的市场空间,以盈利为目的。其开设课程大多以考试内容为导向,忽视学生的长远发展,具有明显的应试特征。对于只是简单地想要获得证书的学生而言,这种"快、准、狠"的"应试手册"往往深受追捧,但是真正的学习,必须关注知识和技能的获得,追求身心的和谐发展。所以,非正规教育中的"应试之风",从长远来讲具有消极意义,不利于学生知识技能的习得与人格素养的提升,最终有损于学生的成长成才。

功利型学习氛围受到社会浮躁之风的负面影响。为了减少社会不良风气的影响,非正规教育机构必须革新教育观念,注重组织的教育属性和正面管教。非正规教育机构要明确组织所追求的教育价值,遵循教育规律,承担起"教"和"育"的双重责任,让教育培训成为真正的"教育"。学生个体也要关注自身的实质性发展,在非正规教育中追求才干的增长、潜能的开发。

总之,访谈对象在非正规教育中大多有良好的学习氛围体验,有的课程创设了轻松自在的心理环境,有的课程形成了主动参与的学习气氛,能够促进学生积极参与和专注学业。但我们在调查中也发现有些课程的"应试之风"盛行,功利性过强,影响了学习的成效。

"硕士研究生非正规教育中的学习氛围"思维导图如图5-3所示。

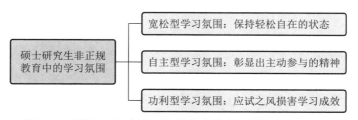

图5-3 "硕士研究生非正规教育中的学习氛围"思维导图

[①] Lan Mitchell, Angela Carbone. A Typology of Task Characteristics and Their Effects on Student Engagement[J]. International Journal of Educational Research, 2011, 50(5):257-270.

第六章

硕士研究生在非正规教育中的学习困境

　　非正规教育对于学习者而言,在学习方面既有优势又有劣势。优势主要是有利于激发学生的学习兴趣,因为这是学生主动选择学习内容,对于学习进程他们有主动调节的权利。劣势主要是学习规定不严格,往往由教与学双方协同商议决定;学习时间不够固定,允许学生进行灵活选择等。这些学习方面的诸多自由,意味着学习主要是学生个人的事情,很难得到教育机构的严格监管和精准帮扶,由此也会让习惯于严格的学校教育的学生感到难以适应,会带来学习热情波动、学习毅力不足、学习效果不佳等问题,进而产生一系列负面影响。本章基于访谈调查,分析硕士研究生非正规教育中迷茫感、不适感、畏难感、倦怠感、进阶难和挫败感的成因,并提出相应的改进策略。

第一节　硕士研究生在非正规教育中的迷茫感

在硕士研究生的非正规教育中,学习者跟正规教育中的学生一样,也会遭遇迷茫感的侵扰。这值得我们基于个案开展分析。

一、学习迷茫感个案

心理学专业的 S14 在校外学习英语时体验到了学习迷茫感。她说:"我们心理学专业的中文期刊很少,所以就要学着写英文文章,要把英语学好。但是从去年开始,我感觉上英文阅读课并没有太多用处,写文章的时候还是写不出来。研究生导师说这主要是因为我读书太少。我还尝试学习国外的慕课,里面会讲一些专业内容,或者请一些有名的老师讲课。我听了这些课程以后,'会的还是会,不会的还是不会'。虽然老师说要思考,但是那种课程是免费的,我没办法找授课老师问问题,给他们发邮件也不现实。就感觉自己在学习中非常迷茫,总是处于迷茫的状态。"S14 做了一番尝试,但仍然无法脱离迷茫的状态,在学习方面感到非常无助。

二、学习迷茫感产生缘由

学习迷茫感跟其他领域的迷茫感具有类似性质。迷茫感在美学中表述得很翔实,是指审美中产生的困惑、迷糊、茫然的感受。它通常是由于审美对象在内容和形式方面出现空洞、含糊、多义等状况下,让审美主体无法清晰地认知,从而产生不知所云、不知其可的消极体验。除了审美迷茫,社会性迷茫也很常见。当个体或群体在周围世界中"不知其所以然"时,就会对自然和社会现象产生虚无、混沌、困惑、茫然之感,进而在反观自身时,产生无所归依的孤独感、压抑感、惆怅感。而学习中的迷茫感,也体现出从困惑到消沉的程度差异。学习中的迷茫感,会导致学生学习理念的模糊、价值追求的迷惘、精神建构的消极等。只有经过丰富的学习实践,提高认知能力,才能透过现象把握学习的实质,逐步克服这种迷茫感。

知识爆炸加剧了求学者的学习迷茫感。在知识爆炸时代,人们往往有很多途径获取知识,但是对于"哪些知识是自己真正需要的"却没有明确的认知。面对纷繁的知识,学生很容易失去判断力,焦虑感便油然而生。知识焦虑是知识经济时代的产物,一种形式是担心"落后于人",于是盲目学习,这是知识数量型焦虑;另一种形式是面对各种知识无法做出有效选择,进而产生挫败感,这是"知识供需不相匹配"的知识质量型焦虑。学习者对知识的求知欲越来越强,但扑面而来的信息极其繁杂,当所需得不到满足时,就会造成一定的心理恐慌和焦虑感。[①]知识焦虑会使人们惊慌、盲目,成为非理性的消费者,人云亦云,追风逐热。在非理性状态下,人们把众多的精力花费在知识的寻找与获取上,消耗了深层次地消化和吸收知识的精力,很少静下心来对知识进行深入全面的解读,因而往往掌握不了知识的精髓,迷茫、焦虑、挫败、困惑就成为一个死循环,成为学习者的认知黑洞,难以逃脱,愈演愈烈。所以,信息爆炸加剧了学习迷茫感,让学习者产生"患得患失"的心态,忙于挑选知识,甚至出现学习的"激情消费",而难以真正沉浸于学习中,无法在"深度学习"中获得学习品质的提升。

三、学习迷茫感的危害

学习目标的逐渐迷失是对学习感到迷茫的主要体验。在 S14 个案中,她为了实现英文写作的目标,兴致勃勃地开展各种学习活动,尝试从各个方面解决英文写作的问题,却依旧没有获得成功。当盎然的兴致不断被冰冷的现实所打破时,无助感、挫败感就会充斥内心,也会一再降低她的自我效能感,挫伤学习的积极性。这种消极体验将导致她对学习的犹豫、对学习的逃避,最终进入恶性循环,让学习难以进展下去。

学习迷茫感会累积不良情绪而影响学习。近年来有大量研究表明,MOOC 等网络课程存在着严重的完成率低的问题。实际上,目前大部分非正规教育通过网络课程的形式开展,学习完成率也越来越成为非正规教育需要正视的问题。在学习投入的过程中,流畅的、设置合理的学习内容,往往会带来沉浸式的学习体验。相反,如果学生的学习受到学业障碍的干扰,学习便无法顺畅地进行下去,消极情绪会不断累积,"学习问题"就异化成了"情绪问题",坚持学习也就无从谈起。

四、学习迷茫感的对策

学习者提高格局、扩大视野有利于减少对学习的迷茫感。学生遭遇学习困境时,需要寻求认知的突破。提高格局,扩大视野,是减少学习迷茫感的认知途径。比如从终身学习的角度出发,超越应试的局限,不因短期的挫败而沮丧。在 S14

---

① 匡文波."知识焦虑"缘何而生[J].人民论坛,2019(3):128.

个案中,她在校外学习英文是为了发表英文学术文章。这样的目标虽然很明确,但格局不高,视野的开阔度不够。发表英文文章是颇具挑战性的任务,单靠在非正规教育机构中学英语很难成功,还需要将目标划分为长期、中期和短期,将能力准备拓展到科研基础、学术思维、工具方法、文献积累等方面,而不能将英文发表仅仅寄希望于校外的英语学习。

总之,知识爆炸时代,学生很容易在学习内容上出现选择困难,在学习投入上患得患失,导致学习浅尝辄止,无法达到沉浸式"深度学习"的水平。学习迷茫感导致犹豫不决和逃避学习,外显为学习目标的逐渐迷失,并不断累积不良情绪。为了避免恶性循环,学习者必须提高格局、拓宽视野、坚持学习,从而努力减少学习中的迷茫感。

"硕士研究生在非正规教育中的迷茫感"思维导图如图 6-1 所示。

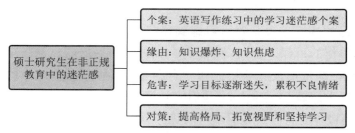

图 6-1　"硕士研究生在非正规教育中的迷茫感"思维导图

第二节　硕士研究生在非正规教育中的不适感

学校教育的不同阶段存在衔接问题,比如幼儿园到小学的"幼小衔接"、高中到大学的"高大衔接"等。很多大学设置的新生入学教育,就是为了解决大学新生不适应的问题。在硕士研究生的非正规教育中,学生同样会遭遇不适感的挑战。下面我们将基于个案开展分析。

一、学习不适感个案

心理学专业的 S14 在校外学习英语时体验到了学习的不适感。她说:"我之前报了一门给美国研究生开的课,每周要看四五篇文献,要写英文读书笔记。这种课压力好大,比我在学校的课压力大多了。后来我感觉跟不上进度,上了半年就退了。不过,坚持的那段时间里,我觉得自己特别充实,很有收获。"

二、学习不适感产生缘由

相比于国外的研究生课程,国内的课程相对轻松。我国传统的研究生课堂教学大多以教师为中心,教师是授课的主体,进行知识的传授与讲解,学生较少主动参与。在以学生为中心的理念影响下,我国部分高校的研究生课程教学打破了传统模式,教师将课堂的主体地位还给学生,引导学生采用专题汇报、小组合作等形式进行教学。比较常见的形式是,教师将课程以专题形式进行组织,让学生自由分组,每个小组自主进行所选专题的学习,最终在班级范围内进行小组汇报。

S14不适应校外的英语培训班。培训班课程内容较多,所涉范围较广,学生所要阅读和学习的文献也较多。培训教师通常不对课程内容进行全面讲解,而是在课前布置大量自学任务,课堂的大部分时间是用来汇报自学成果、开展相关讨论的。英语对大多数中国学生来说,在阅读专业文献方面具有很高的难度。这导致S14不适应校外英语培训班的学习。

这样的适应性困境并不罕见,在硕士研究生非正规教育中,由于学习模式、学习内容等方面的变化,学习适应问题较为普遍,值得学习者和教育者加以关注,积极应对。

三、学习不适感的益处

学习的不适感丰富了学习阅历。对于学生而言,经验和阅历都是宝贵的财富。当人们一直坚持某项学习时,会积累大量经验,做到熟能生巧。产生学习不适感,也意味着又有了突破学习舒适区的契机,有一半"成功适应"的概率,这对于学习而言是机遇与挑战,所产生的作用趋向于积极而非消极。

学习的不适感促进了抉择优化。当学生面临的机遇增多,抉择的数量就会增多,抉择质量也会随之提高。对于学生而言,非正规教育是另辟蹊径,是对学校教育的补充。当感受到学习的不适感时,学生会加强自省和自查,分析哪些方面存在不适、什么原因引起不适、如何应对这种不适。比如S14虽然对校外非正规教育有不适感,但她认为在这段学习经历中很有收获,这属于价值厘清和认知拓展;她半年后放弃了校外培训,可能是综合分析了自己的主观和客观条件。即使我们无法判断她的抉择是否正确,但抉择的具体分析过程和抉择经验的积累,对于她的人生经验积累有益无害。

四、学习不适感的危害

学习的不适感源于脱离了学习舒适区。学习不适感可能存在于课堂环境、课堂语言、学习方法、同学关系、学习求助等方面。比如在S14个案中,她来自心理学专业,在校外学习英语。虽然课堂气氛活跃但也让她精神紧张:英语作为非母语会带来课堂使用语言方面的压力;需要课前大量阅读和写作带来学习方法方面的压力;无法借助集体力量来分担任务带来同学关系方面的压力;难以求助课程之外的师长带来学习求助方面的压力。相比较而言,这样的学习超出了常规学校教育的舒适区,增加了学习的困难度,容易让学生产生难以适应的感觉。

不适感容易导致学习的低效或放弃学习。在S14个案中,她虽然说"坚持的那段时间里,我觉得自己特别充实,很有收获",但还是上了半年就中止了。这说明学习不适感带来的挑战度往往比较大,导致了适应"成败"的不同后果。适应成功,可能习得了新的学习内容,增强了学习的适应能力,扩大了自己的学习舒适区。而适应失败,则会失去耐心和信心,无法继续坚持,即使能认识到新模式的好处,也做不到锲而不舍。

"硕士研究生在非正规教育中的不适感"思维导图如图6-2所示。

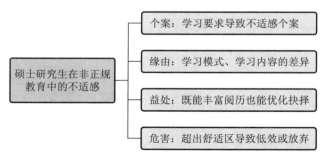

图6-2 "硕士研究生在非正规教育中的不适感"思维导图

第三节 硕士研究生在非正规教育中的畏难感

非正规教育也是一种教育,是校外教育机构开展的有目的、有计划的教育活动。学生在非正规教育中难免会有畏难情绪,值得分析其对学习效果的影响。

一、学习畏难感个案

社会学专业的 S18 在准备国际注册会计师考试时体验到了学习畏难感。她说:"就感觉挺惨的,为什么要把自己逼成这个样子? 很纠结,好像是摸着石头过河;也特别迷茫,想要请教的时候,根本找不到人,身边没有人跟你的经历一样。但我还是要排解这些烦恼,有的时候我会跟朋友说,不过跟我爸妈说得最多,因为我觉得他们最了解我。除了告诉爸妈外,我还会把这件事情先放一放,别逼得太紧,读读书、逛逛街什么的,慢慢地让自己理性一点,不要太过烦躁。我沉迷了一两个月,后来我发现这件事情没办法解决,只能硬着头皮继续学。" S18 在陌生领域的学习中,经历了艰难的学习过程,表现出明显的畏难情绪。

二、学习畏难感产生缘由

学习中的畏难感主要源于学习者对学业的畏惧。在高难度学习中,学生或多或少会产生一定的畏难情绪,表现出焦虑、迷茫等,甚至外显为学习拖延和学习停滞。畏难情绪不利于学生的心智激发,对学习活动的开展有一定的抑制作用,是学习过程中产生的消极情绪,需要学生积极应对。

学习中的畏难感也源于学习者因"孤独求学"而感受到的痛苦。在 S18 个案中,其畏难情绪除了源于学习任务艰巨之外,也源于学习支持的缺乏。在非正规教育中,学生从日常群居的学习集体中走出,独自面对非正规教育中遇到的困难,经历各种未知与挑战。以往学校教育中学习群落所具有的环境稳定性消失了,同伴的共情与学习支持也变得无处可寻,学习所需的信息从群体交流转向独自收集,所有这些变化都让学生感到难以接受。此时的学生就像汪洋中的孤独小岛,缺乏外在支持。在这种"孤独求学"中,有些人自立自强,坚持到底;有些人当了"逃兵",最终"辍学"。可见,非正规教育中的孤独感也是让学生产生畏难感的心理性原因之一。

三、学习畏难感的益处

学习畏难感有利于学习者优化抉择。在 S18 个案中,高难度系数的证书考试,本身就带有成败未卜的性质。对于个体而言,成长和成才是理想目标与美好愿望,但是否成长和能否成才需要多种条件的支持,不仅考验天分、信心、勇气、耐力,也需要考虑某项学业的整体成功率、竞争者的相对优势和劣势等,而且要考虑过程和结果的差异。比如对 S18 而言,她足够努力,但国际注册会计师通过率较低,她跨学科考证的劣势明显。她的备考过程能否促进自身成长,取决于她自己对这件事的理解和归因,有些影响可能需要一生来检验,因为在信念、情感、意志、阅历等方面的隐性影响,并非短期肉眼可见。所以,S18在基于畏难感而反思"为何考证、能否成功、过程与结果差异、未来价值"时,一定能更好地认识自己,以让未来的成长道路更加适切和稳健。

总之,学习的畏难感通常源于学习的高难度,如果缺少同伴、感觉孤立无援,则会增加畏惧感和痛苦感。畏难感打击了学习的信心和勇气,容易导致学习停滞或放弃。但基于畏难感的抉择,让学生受到了挫折教育,同时也有利于学生基于试误来探索适合自身的成长成才路径。

四、学习畏难感的危害

学习畏难感会打击学习信心。人们想要获得成功,需要信心的支持。自信不仅能激励自我,还能感染他人,带来外界的积极肯定,实现"二次激励"。而畏难感会导致产生消极心态,打击信心,影响行为表现和最终结果。

学习畏难感会减少学习勇气。成功往往需要敢作敢为、毫不畏惧,需要意志的坚定和行为的果断。但畏难与勇气往往背道而驰,导致恐惧困难的心理状态和退缩、躲避、迂回的行为表现,不能积极主动解决问题,甚至会无意识地夸大困难,这些都无益于学习。

"硕士研究生在非正规教育中的畏难感"思维导图如图6-3所示。

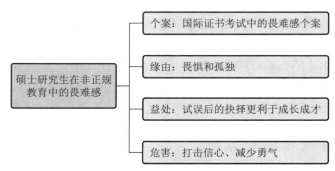

图6-3 "硕士研究生在非正规教育中的畏难感"思维导图

第四节 硕士研究生在非正规教育中的倦怠感

硕士研究生在非正规教育中,随着学习任务的增加或者难度的攀升,也会产生不同程度的倦怠感,影响最终的学习效果。

一、学习倦怠感个案

访谈对象 S5、S7 和 S9 在非正规教育中体验到了倦怠感。

教育学原理专业的 S5 在校外学习日语,她说:"这门课入门还是比较简单的,你刚入门会接触到很多新鲜的东西,觉得很刺激,也很有成就感。但慢慢地,新鲜感就会下降,学习起来就没那么热情了。而且学久了、学多了之后,你会发现它变得越来越困难。比如说语法,日语语法规则特别多,有时候分不清,就会感觉很受伤。这个时候,我一般会放松一下,去听听歌、看看电影之类的。你不能一直处在那种情绪里面,否则就会学也学不进去,还使得自己很沮丧,所以要跳出来,转化一下。"

教育史专业的 S7 在校外学习国画,她说:"有时候一个色调出不来,尤其是工笔画,要染很多很多遍才能形成想要的颜色和效果。这时候可能就会失去耐心,感觉疲惫,想要偷懒。因为工笔画就是你染一两遍也行,但染很多遍效果更好,染的遍数越多,层次感越好,越有立体效果。我经常在染色时变得烦躁,但咬咬牙还是会坚持。我既然画了,就要细致一点,算是现在对得起自己,以后对得起同行和观众吧。"

中国现当代文学专业的 S9 在校外学习健身,她说:"有时候觉得自己其实没有时间健身,每一次去都会付出一些代价,就有点犹豫和怀疑,不知道是不是值得。这时候我就会想,最初是为了什么来健身,现在是什么阻碍了我健身,它抵消了我的初心吗?但仔细想想,其他事情并不比健身更重要,所以就坚持了下来。"

二、学习倦怠感产生缘由

倦怠感可能源于学习任务的高难度。S5 在日语学习中,学习倦怠感表现为挫败和疲惫等消极情绪,新鲜感的消失、任务难度的增加等都会导致倦怠感。可以说,学习倦怠感在硕士研究生非正规教育中并不鲜见,体现为学习兴趣下降,或者学习难度增加后产生挫败感与懈怠感。学习困难会导致压力,压力的持续发酵会导致学生身心疲劳与精力消耗。

倦怠感可能源于学习任务的高重复度。S7 在国画练习中,学习倦怠感表现为没有耐心、想要放弃和懈怠等。一遍一遍地染色,导致一种"累而不爱"式的倦怠。在其他类型的学习中同样如此,学习任务的重复会导致厌倦和懈怠,带来低成就感和疲劳感,使学生难以坚持。

三、学习倦怠感困境

学业的高难度难以避免。通俗地讲,学习倦怠是学生对学习没有兴趣或缺乏动力却又不得不为之时,会感到厌倦、疲乏、沮丧和挫折,从而会产生一系列不适当的逃避学习行为。[①] 学业精进是具有很大难度的,具有挑战性,因为高深学问的探究,从来就不是轻松愉悦的事,而需要付出辛勤的汗水乃至失败的泪水。从古代的科举到当前的高考,都体现出学术精进的高挑战性特征。

学习的重复无法规避。高等教育中大量的文献阅读、学术积累、方法训练都符合"一万小时理论"。也就是说,专业知识、能力的获得,建立在大量重复训练的基础之上,数量的积累奠定了质量提升的基础。正是由于学习具有挑战性和重复性,我国才形成了"苦学"文化。

四、学习倦怠感应对策略

克服倦怠感需要学习者积极加强心理建设。学习倦怠感似乎是学生在学习中不可避免的障碍,那么应如何保证良好的学习状态呢? S9 在健身学习中,通过"回归初心",审视自己的学习目标和实现途径,进行情绪的纾解。对 S7 而言,当她认识到反复染色是为了"对得起自己,以后对得起同行和观众"时,也能克服懈怠感。可见,学习倦怠感虽然来源于客观压力,但克服学习倦怠感主要依靠主观努力。研究表明,学习压力、人格特征以及问题应对方式等都会影响学习倦怠感的水平。一般而言,具有健康、坚韧性格的大学生,具有较轻程度的学习倦怠感;具有自我控制能力差、缺乏挑战性等特征的大学生,更容易表现出学习倦怠感。[②] 积极的、有控制力的应对方式,可以降低学习倦怠感的水平;增强能力、做出努力和管理时间等,也可以减少学习倦怠感的水平。可见,学生的自我调控

---

① 连榕,杨丽娴,吴兰花. 大学生的专业承诺、学习倦怠的关系与量表编制 [J]. 心理学报,2005(5):632.

② 张信用,汴小华. 大学生学习倦怠与健康坚韧性的关系 [J]. 中国临床心理学杂志,2008(5):547-548.

是降低学习倦怠感的有效途径。面对学习中可能会出现的情绪低落、动机不足等情况,学生需要从心理上、认知上、意志上进行自我激励,从而坚定学习信念,稳定情绪状态,化解内心冲突,积极应对学习倦怠。

　　总之,学习倦怠感源于学习中的困难和重复,容易让学生产生逃避压力的退缩行为。但学习的挑战性和重复性难以避免,这是钻研高深学问的技术性要求。为了缓解学习倦怠感,学生需要进行主观努力,积极开展心理建设,在学习中努力保持积极心态。

　　"硕士研究生在非正规教育中的倦怠感"思维导图如图6-4所示。

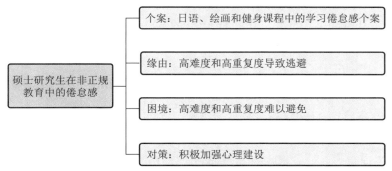

图6-4　"硕士研究生在非正规教育中的倦怠感"思维导图

第五节　硕士研究生在非正规教育中的停滞感

　　在非正规教育中,硕士研究生在学习初期往往兴致很高,进步明显,但到一定阶段就可能产生学习停滞的感觉,不再有明显的进步,甚至会觉得退步了,导致学习热情减少。

一、学习停滞感个案

　　访谈对象S3和S8感受过学习的停滞感。

　　学前教育学专业的S3在校外学习英语口语。她说:"我们在辅导班不断训练英语口语,所有的知识规则我都记下来了,也很努力地去应用。但我觉得自己的口语发音,跟老师和助教相比,还有很大差距。明明练了很久,发音还是不地道。然后我就会想,是不是自己在音色、音调等方面有问题。我对此研究了很久,百思不得其解。其实刚开始学习的时候,我的确学会了一些技巧,比如爆破、连读等,这些规则我都掌握了。但是如何更地道地说英语,我还是没有办法掌握。学完一个学期,我觉得没有达到境界的提升,就没再续报。"

学前教育学专业的 S8 在校外学习英语流利说,她说:"我现在学到七级,包含科技、文化、艺术等一系列内容。有些知识超出了一般人的认知范围,算是打开了新的视野,但很难再有提高,因为对这些领域并不熟悉,一些关键术语听不懂,所以感觉很懵。已经学了一个月了,但我还停留在第一单元,像是遇到了'瓶颈'。我在想要不要放弃。但是后来发现,如果坚持听,大概听到十几遍,好像也能懂;听到二十几遍,大概能掌握六七成;听到 30 遍,差不多就能够掌握了。所以我觉得还是听的遍数不够,但听那么多遍也是很难的事情,明白道理也不一定能做到。"

二、学习停滞感产生缘由

学习停滞感源于学习是一个从量变到质变的过程。进阶通常指从低级到高级的过程。进阶是在原来的基础上有较大程度的提高,但没有达到质变的程度,并不是"登顶"。对某一领域的学习而言,学习初期往往经过一定的努力即可收到良好的效果,但随着难度的加深,学习可能会变得寸步难行,甚至停滞不前。

学习停滞感源于学习需要从掌握知识到提升智慧。学习进阶是认知心理学的研究范畴,具体来说它是一种思维过程,反映了学生认知的逐渐复杂化。相比学校教育,在硕士研究生非正规教育中,学生是具有明确学习目标的主体,对学习状态更加关注,对学习反馈更加重视,能够敏锐观察到学习的起伏。因此,他们对于学习进阶困境的反应会更加灵敏,更容易产生学习焦虑。研究者普遍认为,学习进阶是对一段时期内,儿童学习或者探究某主题时,其思维方式的连续且不断精致化发展的描述。[①] 从这个定义来看,学习进阶需要学生的思维结构发生变化。心理学研究表明,思维过程是人的脑区机能系统联合活动的结果。桑代克在其联结主义学习理论中,用练习律解释了重复的优势,即反应重复次数越多,刺激—反应之间的联结就越巩固。可见,重复的反应可以加强神经元之间的联系,有利于思维结构的形成与改变。从这个角度来看,相信"重复的力量"有

---

① 王磊,黄鸣春. 科学教育的新兴研究领域:学习进阶研究 [J]. 课程·教材·教法,2014(1):112-118.

一定的科学依据。在没有更好的办法之前,加强练习不失为一个正确的选择。

三、学习停滞感困境

学习停滞感源于学习需要不断克服"高原期"。每个人在成长成才的过程中,都会遇到"高原期"的问题。在学习领域同样如此,初学阶段的新鲜感和成就感往往转瞬即逝,后面可能会经历漫长的逐步提升阶段。而且进步并非一帆风顺,常常会遭遇"高原期",虽然形成了一定的技能,但发展停滞,不再继续提升,甚至稍有下降。这可能跟学习者的兴趣降低和身体疲劳相关,也可能跟方法不当等因素有关。

停滞感源于学业淘汰率的客观存在。对于学生来说,学业竞争是"逆水行舟,不进则退",就像攀登高峰,越向上竞争越激烈、成功率越低,让参与者感到停滞。

四、学习停滞感应对策略

对比 S3 与 S8 对待学习进阶困境的态度与方法,S8 的学习态度更为乐观,也更愿意以积极的行动来突破难点,并且无惧时间的消磨,坚信终将成功。而在 S3 的自述中,"还没达到境界"等词反映了 S3 的态度,其最终选择中止非正规教育。无论当事人是否会意识到,进阶难都会促使他们停下来思考自己的方向,做出更加符合实际的抉择,从而使个体发展路径更加明确。

学习停滞感利于学生通过试误优化抉择。人在成长和成才过程中,需要很多次试误,而每一次进阶就像一块"试金石",为个体呈现更加准确的信息反馈。进阶有时候使人迎难而上,有时候使人知难而退。成功毕竟是少数,试误更加普遍,对于进阶难和知难而退,要用平常心来看待。放弃对不擅长领域的学习,也许就是在为自己擅长的领域储势蓄能。

总之,学习停滞感反映出成功需要从量变到质变的积累,甚至需要思维结构的不断优化。学习停滞感的产生有主观和客观原因,是个体在学习"高原期"的普遍性反应。所以学生不能只看结果,而应兼顾试误与抉择,要理性认识学习停滞感,及时校正自身的成长方向和学习方法。

"硕士研究生在非正规教育中的学习停滞感"思维导图如图 6-5 所示。

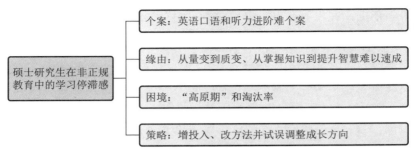

图 6-5 "硕士研究生在非正规教育中的学习停滞感"思维导图

第六节　硕士研究生在非正规教育中的挫败感

在非正规教育中,硕士研究生会遭遇挫败感的侵扰,严重打击学习的信心。以下我们将分析其发生和应对机制。

一、学习挫败感个案

教育学原理专业的 S6 在学习街舞时体验到了学习的挫败感。她说:"我在街舞的第一节课上就明显感觉到跳舞强度太大,我体力有些跟不上。但是在同伴的鼓励下,我选择了坚持。在之后的学习中,我经历了艰难的挣扎。主要原因是我的筋特别紧,很多动作做不到位,有时候做到位又觉得特别疼。所以对我来说,要么做不好,要么很疼,只能在这两种状态中徘徊,每次都像是一种抉择。另外,看别人跳得那么好,自己跳得那么差,会很有挫败感。排练的时候,跳得不好的人一般往后站,第一排都是跳得特别好的,越往后越差。老师教学时,都是一排排检查,先看第一排,然后一直到我这一排,也就是最后一排。而且检查时直接面对镜子,所有人都看着,当我表现很糟糕的时候,就会觉得自己真是太差了,不愿意接受这样的形象。还有,到课程快结束的时候,全班需要一起录视频,我都不愿站到镜头里面,不想留下自己表现不好的影像。"

二、学习挫败感产生缘由

能力欠缺是引发学习挫败感的根本性原因。在 S6 个案中,她始终存在能力缺失问题。S6 是一个娴静、瘦弱的女孩儿,她在学习街舞的过程中经历了怯场、挣扎、无奈、困窘和挫败等消极学习体验。她使用了"徘徊""抉择""受挫""糟糕"等词来描述自己的沮丧和无助感。街舞对于 S6 而言，是想要做好并乐于付出努力的一个兴趣爱好。但在学习过程中，S6 却屡屡受挫，丧失信心，最终"缴械投降"，选择退出。综观这一过程，主要症结在于，S6 缺少必要的能力，导致学习效果难以保障。S6 的能力缺陷并没有随着时间的推移而改变，学习基础薄弱是其学习失败的客观原因。

表现欠佳是加剧学习挫败感的情境性诱因。个人能力和学习基础具有客观性，但个体主观的信念和态度也同样影响学习的结果。S6 比较敏感，意识到"一排排训练"能够体现出水平差异，非常在意他人的评价，对自我评价较低。所以，表现欠佳是当事人的个人观点，直接强化和扩大了客观劣势带来的挫败感。

三、学习挫败感困境

学习挫败感的直接危害是容易导致学生沉溺于负面情绪。挫败感是当事人受到挫折以后产生的一种失落感。比如个人要求得不到满足、人际沟通受到阻滞等时，会导致成就感和安全感丧失，挫败感油然而生，表现出悲观、忧郁等消极情绪，严重者甚至会出现攻击性行为。挫败感往往是经过较长时间的积累形成的，这也导致克服挫败感非常困难，如果没有强大的外力，很难阻止这种"下坠"的心理感觉。因为能力提升和表现好转都需要客观条件的支撑，属于"可遇而不可求"，所以很多学生会沉溺于挫败感中无力解脱，对成长造成负面影响。

学习挫败感的长期危害是可能形成习得性无助。比如当人们遭遇不可控事件时，如果屡次尝试解决都不能成功，就会逐渐表现出情感、认知和行为上的消极状态。这种状态下的无能感和无助感，是对能力不可控、力所不能及的情绪反应。具有习得性无助心理的个体更倾向于认为，失败的困境是由自我内部因素造成的，与外部环境或其他情境性因素无关。长此以往，习得性无助会挫败人的自信心，改变其心理状态和精神面貌，对个人发展产生较大的负面影响。[1]

四、学习挫败感应对策略

家庭和学校应重视挫折教育。应对挫折，也需要经验的积累。很多成绩优

① 杜骏飞.丧文化：从习得性无助到"自我反讽"[J].编辑之友，2017（9）：110.

秀的学生,一直生活在"高分"光环中,对学习之外的领域探索不多,遭受的挫折也很少,就会在面临挫折和失败时手足无措,心态崩溃。家庭和学校需要重视学生应对挫败的"经验值积累",不要主动干涉挫败的过程和结果,避免因过度保护而让学生变得过于脆弱。当然,挫折教育无须额外添加,减少过度保护就能让学生得到挫折教育。

硕士研究生面对学习挫折应进行辩证归因。减少挫败感不仅需要改变客观因素,还要从主观层面做出调整。尤其是个体应归因分析,辩证地分析自身的能力困境。归因是影响个体信念和态度的重要因素,学会积极归因,有助于学生保持稳定的学习情绪,形成积极的心理状态,表现出锐意进取、奋发向上的学习姿态,以保障学习活动的持续推进。

总之,学习挫败感源于能力欠缺和表现欠佳,兼具客观性和主观性。学习挫败感容易导致习得性无助。家庭和学校需要重视挫折教育,学生自己也应学会对失败进行辩证归因,增强学业抗挫能力。

"硕士研究生在非正规教育中的挫败感"思维导图如图6-6所示。

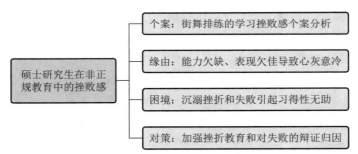

图6-6 "硕士研究生在非正规教育中的挫败感"思维导图

第七章

硕士研究生非正规教育中的学习策略

非正规教育的非正规性往往会加剧学习者的学习难度。比如需要自行前往学习场所,有一定的通勤压力;对学习没有硬性要求,过度自由,考验学生的自律能力。本章基于访谈调查,探讨硕士研究生在非正规教育中采用了哪些目标策略、情绪策略和坚持策略,以管窥非正规教育中的学生如何实现目标引领、情绪维护和学习坚持。

第一节 硕士研究生非正规教育中的目标策略

访谈发现,硕士研究生在非正规教育中运用了一些目标规划策略,有利于应对学习中的挑战。下文将针对个案进行分析。

一、目标规划个案

汉语言文学专业的 S12 在教师资格证考试培训中注重制订计划。她说:"我觉得校外学习需要有自律精神。我在做一件事情之前会列一个计划表,立下一个目标,就是到某天为止,我要完成什么具体任务。虽然有时候会完不成,但是基本上能做到八九成,总比没有目标好,所以制定目标是一个很好的辅助手段。"

教育学原理专业的 S5 在自学日语时注重制订计划。她说:"我的策略就是制订计划,把要做的事情细致化,一一列出,每天做完了就画个对号。比如说早上背了单词,就画个对号;背到了第几课,也画个对号。每天画很多对号,会感觉很充实、有收获。我以前觉得计划不重要,后来发现计划不是不重要,而是你没有做好计划。它不是定个笼统的目标,而要分阶段、细致化地去制订。计划不能太粗糙,否则就模棱两可了。而且做计划本身也是一种反思,帮助我思考自己的表现,思考环境因素的影响。"

行政管理专业的 S15 在校外学习韩语时注重目标的实现。她说:"推动我学习的力量,可能就是备考吧。有了考试目标,就会好好学习。比如,考中高级证书前的两三个月,我很认真地刷真题、背单词。其实不管是韩语还是英语,我平时是不会背单词的,主要靠语感。但是备考的时候不一样,不背单词是不行的,听力和阅读都会受影响。所以在那两三个月里,我每刷一套真题都会把里面的单词整理在一个本子上。一直到考试的时候,整理了一大本,最后我通过了考试,也觉得很有收获。"

二、目标规划功能

目标规划包括确立目标和确定如何实现目标。学习目标是学习活动得以开展的出发点和动力源,促使学生达到积极高效的学习状态。确立目标较为简单,比如完成学业、实现非正规教育的美好预期。但确定如何完成目标比较考验执行力,无论是制订计划、应考还是打卡,最关键的是落实。相对于无目标、无规划,执行目标规划具有激励、监督和奖赏性功能。

S12 在教师资格证备考学习过程中,确定了计划,每天监督自己达成相应目标,用每天的目标达成度来保障整体目标的实现。学习目标的细化,可以帮助学生检测学习进度与效果,达到监控学习的目的。此外,设置目标还能激发自律精神,进一步将学习压力转化为学习动力。

应试目标具有激励功能。本尼迪克特·凯里在其《如何学习:10—90 岁都能掌握的高效学习法,成就你的终身学习力》一书中指出,考试不仅是测试工具,还能令大脑以不同的方式将已经学过的内容重新组织,而这一番调整可能会提高我们的考试成绩。[1] 可见,借助考试进行学习可以提高学习效果。比如,S15 在韩语学习中,最初只是"闲逸的好奇",是依据学习兴趣的"随性所致"。但当她确立了"应试考证"这一目标后,就能基于"水平考试"这种正规考试来学习。这样的目标激励,让 S15 更加主动地检测自己的学习效果,而不是仅仅跟上课程进度;更加关注记诵单词,而不仅仅靠语感盲猜;更加主动克服学习障碍,而不是退让和逃避。访谈发现,非正规教育中,不少硕士研究生将学习活动纳入考证和考级等标准化的水平评价之中,希望以证书等形式激励自己,提高学习成效。

三、目标规划困境

访谈发现,大部分硕士研究生在非正规教育中具有学业规划的意识,但往往只有粗放的、简单的规划,很少有精细的、严格的规划。大部分学生只是将学习规划作为一种任务分解的手段,而很少将其作为一种学习方法来指导学习的实际过程。同时,目标规划只有真正付诸实践,才能促进有效学习。基于上述个案我们可以发现,硕士研究生非正规教育中的目标规划失败可能源于三个方面的现实困境。

缺乏进度管理意识导致学生忽视目标监督。目标规划需要进度管理予以落实,尤其是复杂任务,比如教师资格证考试,因为考试内容繁多,需要精心设计进度、遇到突发状况调整进度、不断落实进度并酌情进行调整。但在非正规教育中,很多学生缺少进度管理意识,造成目标规划失败。

---

① 〔美〕本尼迪克特·凯里. 如何学习:10—90 岁都能掌握的高效学习法,成就你的终身学习力 [M]. 玉冰,译. 杭州:浙江人民出版社,2017:125.

应试造成学习的窄化和异化。应试有利有弊,益处是有激励作用,弊端是可能物极必反,比如高考的应试性强,高中生殚精竭虑地学习。但进入大学后一些学生放松下来,追求"60分万岁",进入社会后"不考试就不学习"。"考试成为学习的唯一目的"有碍于非正规教育的可持续发展,也违背了终身教育和学习型社会的非应试学习原则。在硕士研究生非正规教育中,应试虽然占有一定比例,但更多的领域无法单靠应试实现激励,造成目标规划失灵。

习惯欠缺致使学生"心动无行动"。在行为习惯层面,健康的行为习惯一旦养成,就能带来很大的好处。比如人们养成刷牙习惯,终身坚持也感觉不到难度和压力。但在硕士研究生非正规教育中,习惯很难养成,因为这种非正规教育天然带有更强的兴趣性、随机性、短期性特点,容易造成计划失灵或者规划流变,表现为"心动无行动"。

四、目标规划策略

针对上述困境,非正规教育目标规划策略有以下几点。

学生需要区分任务的复杂性以增强进度管理意识。在开展目标规划时需要理性研判任务复杂度,对于难度大、进程长、成功率没有保障的学习任务,必须进行进度管理。但是,进行进度管理并不意味着任务一定能成功,如果自我判断成功率较低,也可以降低期待值,并调整学习方法和进度。相反,对于那些难度小、进程短、成功率有保障的学习任务,不进行进度管理也可以,利用碎片时间开展弹性学习,更有时间配置的性价比。可见,科学判断和理性决策,有利于增强目标规划的针对性。

学生需要重复练习以形成日常打卡习惯。为了增强目标规划的可执行性,建议遵循"小步子"原则,从难度较低的行为目标开始,缓慢加大目标难度,并在打卡成功时进行物质奖励或精神褒扬,形成自我犒赏的正向循环。

总之,学习是历时弥久的探索活动,学习兴趣很容易被时间消磨掉。而目标规划是避免"混沌度日"的良方,学生须针对自身状况,改进学习方法,基于目标管理来提升自己的学习质量。

"硕士研究生非正规教育中的目标策略"思维导图如图7-1所示。

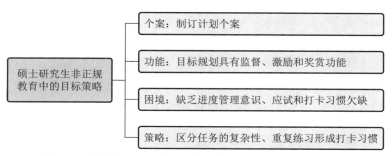

图 7-1 "硕士研究生非正规教育中的目标策略"思维导图

第二节 硕士研究生非正规教育中的情绪策略

硕士研究生在非正规教育中采用了如下策略来处理他们在情绪方面出现的问题。

一、情绪管理个案

S1 在学习中坚持行为补短。S1 来自教育科学学院的美育学专业,在校外学习舞蹈。她说:"有的时候我跳得不好,自己也不满意。那么我下次就特意早去一会儿,多练习几遍,把上次的缺憾补回来。课后我也会特意观看视频,琢磨一下别人是怎么跳的,对照着纠正,这样就能跳得好一点儿,心理也就平衡些,不那么郁闷了。"

S8 在学习中关注学习状态。S8 来自教育科学学院的学前教育学专业,在校外学习英语。她说:"学英语的时候,大脑处于高负荷运转状态,学习后会感到非常疲劳。所以对于我来说,必须选择精神状态好的时候去学,因为精神状态好时我才能学进去。如果我在很累的时候去学,为了打卡而打卡,就感觉脑子转不动,学不进去。"S8 通过调整学习状态来追求高质量的学习,避免陷入高耗低效的形式主义学习中。

S9 在学习中强调倾诉烦恼。S9 来自文学院的中国现当代文学专业,在校外学习健身。她说:"健身也讲究状态,有波峰、波谷的波动,还有各种情绪反应。刚开始学健身时我觉得一直在进步,很有成就感,很兴奋。但教练后来想提高难度,我也有点求胜心切,于是难度定高了。虽然在健身房能够完成训练,但半夜会因运动过量而睡不着,或者做噩梦惊醒,第二天身体很疲劳,心里也觉得特别委屈。这时候就想,为什么要追求数据的增长,出了健身房谁又会在乎这些数据呢?然后我就会跟教练诉苦,把这些委屈都说出来,教练就高屋建瓴地告诉我数据的意义,比如健身和健康的基本原理之类的知识,听了之后情绪就慢慢恢复了。当然,教练也会根据我的反应,调整训练的难度和强度,不让我产生情绪抵触。"

二、情绪管理功能

学习情绪奠定了学习的心理情感基调。良好的学习情绪是学生学习活动顺利开展的有力保证,当学生处于愉快等积极性情绪状态时,学生的注意、记忆、判断、推理等认知活动就能得到顺利开展。[①] 因此,学习情绪是学生高效学习的内在基础,对有效调控学习情绪意义重大。

在 S8 个案中,不同的情绪状态会导致不同的学习效果。每个人都有不同的情绪状态,比如喜悦、愤怒、忧伤、思念、悲痛、恐惧、惊讶等。在积极情绪中,个体感受到信心和希望,能够促进学习;而在消极情绪中,个体感受到痛苦和绝望,妨碍学习的开展。在平静的情绪状态下,学生更容易做到心无旁骛;而在激烈的情绪状态下,学习甚至无法开展。所以,情绪状态会影响学习成效。

在 S9 个案中,合理宣泄提高了学习成效。情绪管理是为了避免或缓解不当情绪,其途径包括认知调适、合理宣泄、积极防御、理智控制、及时求助等。倾诉烦恼属于合理宣泄和及时求助。当 S9 向健身教练求助时,也宣泄了对于健身的不满情绪,通过教练的专业解读减少了迷茫感。在获得有针对性的教导后,S9 恢复了平静,得以继续坚持学习。

行为补短是因为"行动才有结果"。在 S1 个案中,采取实际行动来转化负面情绪成为一种解决问题的途径。不同于 S9 的从认知入手,S1 的从行为入手显得更加简洁有力。这种方式通过增加行动力、提高学习效果来跳出学习的负面情绪,将学习转换为良性循环。

三、情绪管理困境

学习情绪之所以成为问题,是因为学生在学习过程中存在多种困境,会触发

---

① 董研. 学业情绪与发展:从学业情境到学习兴趣的培养 [M]. 合肥:安徽教育出版社,2012:21.

负面情绪。学生只有克服各种困境,才能缓解负面情绪,在学习中做出适当的行为反应。

好状态难得。在 S8 个案中,"择时择机而学"成为一种保障学习成效的策略。但在日常生活中,很多硕士研究生缺乏情绪抉择的自主空间,没有办法做到所有的学习任务都放在良好的情绪状态下完成。人们常说的"拖延症",也说明个体学习状态和任务节点要求的不一致,在该要完成任务时却没有好的情绪状态来投入学习,只能不断拖延。硕士研究生艰深而繁重的学业任务要求持续投入,随性而学很难成功。

情绪宣泄困难。在 S9 个案中,求助并宣泄负面情绪是一种克服学习障碍的有效策略。但在现实生活中,硕士研究生的积极求助和有效宣泄都较为困难。硕士研究生有效宣泄的对象多是老师和同学,因为只有老师和同学才能真正理解其存在的学术困难,给予其学术指导。这种疏解硕士研究生情绪的"资质要求"也决定了其情绪宣泄难。

四、情绪管理策略

为了突破情绪困境,学生必须借鉴心理学知识,有意识地激发、调节和保持积极的学习情绪。

增强状态耐受力。硕士研究生既然无法"先等有情绪状态再学习",那就只能"边学习边调整情绪状态",或者"先提前进行心理建设再开启学习",最终实现"不依赖情绪状态而保持恒定的学习节奏"。这需要强大的自制力,需要"不以物喜不以己悲",需要克服情绪的反应本能。

解决内心的矛盾冲突。硕士研究生要提高学习成效,必须直面矛盾,解决好认知和情感方面的问题,这样才能增强意志力,提高执行力,保障学习的节奏和效果。具体而言,硕士研究生要接受个体的学术局限性,理解学习困境,重视向导师和同学求教,促进情绪的积极转化,避免矛盾冲突越积越多。"解铃还须系铃人",遇到自身难以解决的问题时要积极向外求助,以获得指导和帮助。

寻找适切的突破口。为高效进行学习,硕士研究生必须了解自我,寻找适切自己的行为突破口。有些人注重认知,对于认知的转变较为敏感,可用观念改变行为。有些人情绪敏感,可以通过仪式、展览、交流等方式触发其情感,震撼其心灵,带来学习境界的提升。有些人习惯于"用行动说话"。这些突破口有差异而无优劣,需要学生加强自我剖析,匹配合适的自我激励策略,主动控制好学习的情绪变量。

总之,硕士研究生在非正规教育中需要加强情绪管理。硕士研究生必须增强情绪的耐受力,解决深层次的心理矛盾。

"硕士研究生非正规教育中的情绪策略"思维导图如图 7-2 所示。

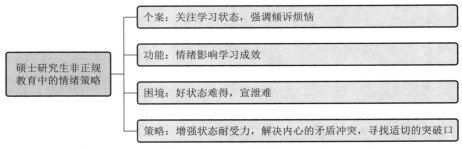

图 7-2 "硕士研究生非正规教育中的情绪策略"思维导图

第三节 硕士研究生非正规教育中的坚持策略

硕士研究生在非正规教育中改进学习需要寻找适切的突破口。大部分硕士研究生选择非正规教育,是出于某方面的学习兴趣,或者仅仅是一时兴起。虽然兴趣是最好的老师,具有推动学习的作用,但在漫长的学习过程中,时间因素、学习困境因素、负面情绪因素等,都可能削弱最初的学习兴趣,影响学习的坚持性。而真正能坚持下来的硕士研究生,都有自己可行的学习方式方法,即学习坚持策略。

一、决策型学习坚持策略

S8 和 S19 采用的是决策型学习坚持策略。

S8 来自教育科学学院的学前教育学专业,在校外学习英语流利说。她说:"我已经坚持快两年了,从研一下学期开始到现在研三。我觉得自己不能放弃,如果现在放弃,就相当于我前面那两年白学了。而且我从三级升到七级,每次考试都在 90 分以上,说明我成绩还可以,没有理由放弃。"

S19 来自法学院的法律专业,在校外学习英语口语。她说:"我想说一口流利的英语,虽然我现在还是不太会,但我觉得都学到这儿了,还是继续学吧,所以就又报了进阶课程。如果现在停下来,不仅没学会,好像前面的学习也白费了一样。"

S8 看重自己的学习投入，希望以此获得知识技能的提升，一旦舍弃曾经的努力而中止投入，能力提升的愿望就会化为泡影。这种学习坚持策略，反映了其对于沉没成本的考量。沉没成本是一个经济学名词，是指已经付出且无法收回的成本。在学习中，学生的时间、精力、资源、金钱等投入，是实现学习目标的沉没成本，具有不可回收性。因此，学生在决策要否继续学习时，往往会本着"避免前期投入浪费"的心理，不甘心选择终止学习，体现出一定的决策惯性。另外，学生基于沉没成本的考虑而选择坚持，也说明学生对于学业成功还抱有较强的信念，对未来还拥有信心。相反，一旦学生万念俱灰，学习的沉没成本也变得不值一提了。所以，学习坚持离不开学习信心的支撑，自信而乐观的学生更容易坚持学习。

二、品格型学习坚持策略

S18 来自社会与发展学院的社会学专业，在校外参加了国际注册会计师考试培训。她说："这个证特别难考，对我来说非常煎熬，但我还是忍着，没有放弃。我觉得校内校外学习其实都是靠自己，校外的学习没有老师的耳提面命，没有身边同学的相伴而行，就会更加难受。但校外学习的紧迫感和压力感很强，你没有退缩的理由，这钱是你的，这时间是你的，时间一分一秒地过了，你是学还是不学，没有什么借口可以推脱。这种被时间和任务碾压的感觉，逼着你不用思考，直接去学。"从 S18 的"时间一分一秒地过了""学还是不学"等话语中，可以充分感受到 S18 的高成就期待。

S18 在学习中剔除了一切外在的强制性因素，彰显了良好的自律品格。她有较强的成就动机，对时间和金钱消耗有敏锐的感知，一旦放松学习就会内心不安，进而也能产生学习压力，推动学习行为的持续发生。有研究表明，成就动机与学习的坚持性呈正相关，高成就动机者，学习坚持的可能性越高。[①] 成就动机是人们获得高成就的期望，是追求成功的内在动力。成就动机强的学生，能够通过监控学习、调节学习方法、促进认知、协调情绪等过程，保证学习活动的有序开展。所以，高成就动机者在学习坚持方面具有明显优势，他们更加关注学习结果，更注重对学习过程的自我监控，因而可以有效维持学习活动。

---

① 武夏林，钟天送 . HRD 视阈下自主学习激励机制的建立［J］. 科教导刊（下旬），2015（24）：
36.

三、行动型学习坚持策略

S13 来自心理学院的心理学专业,在校外学习钢琴。她说:"我学得比别人快,就会比较开心,然后也有同学向我请教怎么弹,我就教她们。有时候也会参加一些活动,我在那儿弹,很多观众围观,我就觉得挺高兴,能感受到学钢琴的价值。在他们眼中,我就是专业琴者,我通过自己的技艺给大家创造了美的享受,很开心。"

S13 对学习的坚持得益于自己与同伴相比有相对优势以及他人对其的欣赏态度。学习能力和学习效果得到外界认可,可进一步增强学习者的决心,促进其坚持学习。外界的积极反馈与褒奖,对于个体行为产生了正向强化,激发出学生的内在学习动机,所形成的愉悦情绪也有利于坚持学习。研究表明,假若没有激励,一个人的能力一般情况下只能发挥 20% ~ 30%;如果加以激励,一个人的能力则可发挥 80% ~ 90%。[①] 所以,学习激励非常重要,学业成功型激励效果最佳,它能让学生体验到成就感,从而坚定学习方向、坚持学习行为。

四、信念型学习坚持策略

S8 来自教育科学学院的学前教育学专业,在校外学习英语流利说。她说:"我以前把英语当作一种技能,但现在觉得它对我来说是一种需要。我对它有一种求知欲,想去探索它,想通过英语了解更多的国际信息。英语确实很有用,学了就觉得很满足,不学就好像缺了点什么。"

最初 S8 在校外学习英语主要由于功用性目的,但后来她把外在动机转化为内在需求,也就是纯粹的求知需求。在这种状态下,S8 学英语就不存在坚持不下去的问题,学英语成为一种乐趣,成为一种"信念升华"的典范。信念之所以能够升华,得益于学习动机的内化。内在动机是指学习活动本身能使学生得到心理的满足,从而产生成就感。内在动机为个人提供了促进学习和发展的自然力量,它在没有外在奖赏和压力的情况下,可以激发行为。当人们是出于内在动机去完成一项任务或参与一项工作时,会感受到发自内心的快乐,也会充分体验到

---

① 刘彦华,杜卉,朱丽娜 . 成就动机与大学生考研心理的调查与思考 [J]. 教育科学,2006（3）：89−91.

活动本身的趣味性。^①自我决定理论认为,动机内化是一个自然的过程,在这个过程中,人们主动把外部规则转换为自我调节,形成自我决定的内部动机。内部动机与个人核心意愿相一致,表现为一种兴趣、爱好或求知的需要。S8 的学习历程实际上就反映了自我整合的过程,其主动与环境进行互动,协调内部认知、情感等心理过程,将不稳定的外部动机转化为稳定的、持久的内在动机。动机内化和信念升华,为学习活动的持续进行提供了内生且持续的力量。

五、监督型学习坚持策略

S3、S11 和 S13 采用的是监督型学习坚持策略。

S3 用其亲身经历验证了监督对于学习坚持的重要性。她说:"我买了一个练习口语的复读机,里面可以存很多英语音频,可以听、可以录,挺有用的,每天有人监督我们练。但是课程结束后,我就再也没有练过。没有人监督就不愿意学了。"即便具备自主学习的条件,在没有外在督促的情况下,S3 依然无法自行开展口语练习。

S11 来自文学院的文艺学专业,在校外学习 Python 编程。她说:"我在企业里面实习,本来下班后已经很累了,但是收到助教老师的任务提醒,我还是会坚持完成,不想超过截止期限。编程任务的完成,真是离不开助教老师的督促。"

S13 来自心理学院的心理学专业,在校外学习钢琴。她说:"培训班会'回课',即上新课之前把上次教的内容弹出来,达到老师的要求。这也是一种监督制度,可以促使我花时间来练琴。为了保证每次能顺利'回课',我也不断坚持,一步一步地跟上进度。"

访谈中很多人提到了监督对于学习的促进作用。非正规教育机构中一般有专门的学习支持服务。学习支持服务是非正规教育得以顺利进行的重要条件和保证,也是提高教育质量、降低辍学率的基础和关键。^②完善的学习支持服务,对于学生排除学习干扰、摆脱负面情绪、开展科学学习等都具有重要意义。所以,在非正规教育中,教育机构除了关注所提供课程的内容与质量外,也会关注对学

---

① 孟亮. 基于自我决定理论的任务设计与个体的内在动机:认知神经科学视角的实证研究 [D]. 杭州:浙江大学,2016:37.

② 方旭,崔向平,杨改学. 慕课学习支持服务满意度研究——基于结构方程模型的视角 [J]. 开放教育研究,2016（5）:76.

生的学习支持服务,通过这样的手段来促进学生的学习坚持。

总之,硕士研究生在非正规教育中的学习坚持程度,与"决策""品格""行动""信念"和"监督"等密切相关。为了坚持学习,"决策"中需要计算沉没成本,"品格"中需要强化成就动机,"行为"中需要增强学习决心,"信念"上需要转化内在动机,"监督"中需要增强外力支持。学生必须多管齐下,才能增强自身的学习坚持性。

"硕士研究生非正规教育中的坚持策略"思维导图如图 7-3 所示。

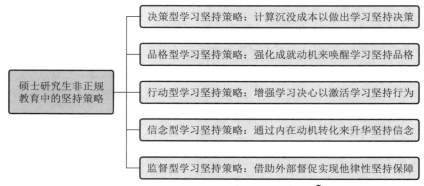

图 7-3 "硕士研究生非正规教育中的坚持策略"思维导图

第八章

硕士研究生非正规教育的质量保障

　　质量保障通常包括制定质量保障目标、进行质量保障控制、质量改进等环节。非正规教育的质量保障同样如此,需要审视教育目标是否实现,培训机构的教育活动和管理活动是否适当,等等。本章基于访谈调查,探讨硕士研究生在非正规教育中的消费体验,进而分析硕士研究生在非正规教育中如何保障自学质量以及教育机构如何保障办学质量。

第一节　硕士研究生非正规教育的消费体验

硕士研究生接受非正规教育一般需要接触市场型教育机构,这些机构以营利为目的,以提供教育服务产品为手段,其组织运营主要遵循商业性原则。其中不少机构完全按照商业组织模式运行,为了追求经济利益,在教学活动中植入营销活动,或者想方设法压缩课程计划,随意调整课程时间与顺序等[1],导致虚假宣传、诱导性营销以及质量下降等问题。

硕士研究生在非正规教育中的消费体验主要有反馈型、引流型、促销型、渐悟型。

一、反馈型体验

S17来自社会与发展学院的文物与博物馆专业,在校外学习英语。她说:"课外课程和教学是可以投诉的,如果你对这门课程不满意,可以跟机构反映意见。一般情况下,我们会直接私聊班主任。因为大家都不认识,在群里面是匿名的,然后班主任会去听课,确认情况是否属实。在 App 里进行电话投诉也是可以的。我之前在校外上的英语课的任课老师被投诉,因为他在课上讲了很多废话。"

长期以来,"学生是学习活动的主体"是基本共识。但是在实践领域,学生的主体地位往往被弱化。近年来,随着现代大学制度建设的推进,"学生参与治理"也逐渐被纳入高校管理之中。因为从利益相关者视角来看,学生是教育活动中最重要的活动群体,是教育内容的接收者、教育行业的服务对象,同时也是教育成本的分担者,他们有权利对教育服务做出评价,并要求对方进行改进。学生参与治理虽然在合法性、合理性方面不存在问题,但实践改革进展缓慢,缺乏有效的实现途径。而在非正规教育中,学生作为消费主体的地位得到了更好的保障,比学校教育中的"参与治理"更加直接。一方面,学生通过售后服务进行维权,也就是向助教或机构反馈自身体验,评价教育服务质量。另一方面,非正规教育机构根据动态反馈及时调整和改进,实现教育服务的"双方共建"。在这个过程中,售后服务为学生参与管理和监督提供了渠道,凸显了学生消费者的身份地位。总之,教育培训机构比高校的体制灵活,能够便利地依据学员反馈做出

---

① 胡天佑. 我国教育培训机构的规范与治理 [J]. 教育学术月刊,2013(7):14.

调整。

二、引流型体验

S14来自心理学院的心理学专业,在校外学习英语。她说:"我们在校外学习英语时,老师经常在群里分享其他课程。像那种心理技术类的课程,就会被反复提及。比如群里有人说考前焦虑,老师就说他有催眠证书,可以在心理课上进行冥想。老师还提供了几次免费的冥想体验课。因为我当时也有一点考前焦虑,所以我也去听了,确实觉得有点效果。再加上那时候我还迷恋催眠术,那个老师说他是催眠师,能教我催眠、冥想、人际关系改善的技术等,我就报班了。但是随着学习内容的不断深入,课程逐渐转变为进阶性的,要一级一级报课,而且价格上涨得很快,由1块钱加到99元、199元、299元。幸好我当时没有报499元的课,后来听说都涨价到999元了。最让我感觉上当受骗的是,我买了199元的课程,报的时候老师说是系统课程,有作业有反馈。但是上完第一堂课之后,他要求学员完成各种练习作业,但很少有人认真去做,那个老师就没有再管我们了,也没有什么特别的解释,就这样不了了之了。其实我之前觉得这课还是有帮助的,对自己有所提升,但后面就感觉收获对不起学费了。我本身也是学心理学的,在学习中慢慢认识到,那个老师有点像江湖郎中,主要是骗骗外行。"

S19来自法学院的法律专业,在校外学习英语口语。她说:"我报的机构很重视对外宣传,在全国设有不少分公司,经常租用酒店的会议厅做集训,选择广场之类的公共活动场所开展活动。老师很会营造气氛,上课的时候会让学生看那种激励人心的视频,告诉你要向上、向好,要励志、要奋斗,很会'打鸡血'。我上课的时候挺投入的,老师讲得也挺好,特别有气氛。但这门课整体给我一种'捡钱就走'的感觉。虽然老师说英语就是要自己练,我也知道这个道理,但是如果真能自己练,那又为什么要买这门课程呢?它的宣传和实际授课非常不一样,报班的时候说要带着我们练,要完整地教英语歌,教文章阅读技巧,从单词、句子答疑到阅读理解都会带着我们练,但实际上只是很随意地练了一两篇就结束了。用老师的话说,'我把英语所有的语言技巧、口语技巧都已经说了,你们就照着这个方法学就好了'。我当初是抱着一定要学好的心态去的,但是到最后培训机构并没有给我什么实质的帮助。"

在 S14 的消费经历中,教师承诺的教学内容没有实现。虽然也存在学生期望过高的问题,但教师以课程推销员身份出现,利用学生的新鲜感和对于美好前景的憧憬,有技巧地诱导学生买课。此时,教师不是学生的成长守护者而是课程推销员,这种身份错位引起的教育质量问题,最终导致学生产生"上当受骗"的感觉。事实上,学习成效受到多种因素的影响,其中学生自身的因素占比最大。培训机构的投机取巧、虚假宣传等不诚信行为,在学员入学后就会曝光,进而使学生产生厌恶或逆反心理,不利于学习的长期坚持。此外,基于欺瞒和诱导的教育激情消费,加大了后续学习失败的风险。

三、促销型体验

S19 在非正规教育过程中有过促销型体验。她说:"其实我有时候比较感谢这个机构。我以前过得比较随意,在这个机构崇尚的'成功学'影响下,我有所改变,所以就跟着他们的计划一直学。这个机构还推出了一门高阶课程,教你如何为人处世、体验生活等。培训机构有一种捆绑课程的销售倾向,不断游说你,向你推荐一堆乱七八糟的课程。但实际上,就我个人而言,我就只是想要好好学英语,能把英语学好就知足了,我就没有再报其他课。其他培训班也是这样,都会捆绑销售,怂恿学生续报和购买。"

虽然 S19 没有被教育机构"洗脑",依然能坚守自己的学习初心,但这类销售机构的伎俩带来的影响值得警惕。该机构的"成功学"励志"鸡汤",一直贯穿学习的始终,持续不断地渗透在教学中。虽然"成功学"也有一定的现实价值,但就学生最初的学习目的而言,这与最初的消费目的不符,是一种欺瞒行为。虽然部分消费者对捆绑销售有一定的抵抗力,但机构这种失当的销售行为应被批判。它损害了消费者的服务感受,降低了消费者对教育机构的教育性期待。同时,它通过混淆视听,让消费者做出不合理的判断与选择,容易导致教育的不理性消费。

四、渐悟型体验

S18 来自社会与发展学院的社会学专业,在校外参加国际注册会计师考试培训。她说:"从我作为消费者的角度来看,我并没有觉得这个机构的课程质量高。因为课程进度太快,学起来就像囫囵吞枣,消化不了。再就是它的监督体系也不够完善,机构只提供学习资料和平台,学不学得好完全取决于学生的自主性。学生要依靠自己的努力,进行自我管理。"

质价不符降低了消费者的满意度。一方面,质价不符体现了学生的个体差异。对于 S18 而言,国际注册会计师每门课程的考试报名费价格不菲,让她经常面临严重的消费焦虑。因此,她对培训机构的学习支持非常看重,认为这应该是付费学习应包含的必要内容。但是期待越高失望越大,她产生了质价不符的感受。引申来讲,如果消费者没有提前对教育服务内容进行详细考察,就可能导致盲目消费和冲动消费,容易在学习过程中产生质价不符的感觉。另一方面,质价不符在培训机构中具有普遍性。培训机构是知识产品的销售方,具有某一专业领域的专业优势和信息优势。而消费者在选择教育产品的时候,由于对专业领域不熟悉,很容易处于信息弱势地位。这种基于专业知识的"信息鸿沟",完全不同于日常生活用品的消费,而是类似于专业领域中的学者与学生,学生作为知识消费者严重缺乏产品鉴别的学识和能力。这就导致学生的学习质量很难保证,也增加了后续产生质价不符感受的概率。

总之,硕士研究生在非正规教育中的消费体验包括参与治理的积极体验,以及虚假承诺、捆绑销售、质价不符等消极体验。前者体现了培训机构的自我完善能力,通过反馈进行改进;后者反映出部分教育机构存在运营不当行为,因趋利性过强而遮蔽了教育性,造成现实中的各种课程销售乱象。

"硕士研究生非正规教育的消费体验"思维导图如图 8-1 所示。

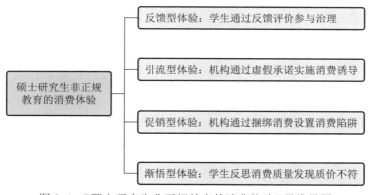

图 8-1　"硕士研究生非正规教育的消费体验"思维导图

第二节 硕士研究生非正规教育的质量缺陷

调查发现,硕士研究生非正规教育的课堂教学质量存在速度型、条理型、深度型、效度型和风格型缺陷,影响了学生的学习效果。

一、速度型质量缺陷

S16 和 S18 体验到了非正规教育的速度型质量缺陷。

S16 来自马克思主义学院的马克思主义基本原理专业,在校外学习英语。她说:"如果满分是 10 分的话,我给这门课评 7 分吧。扣分的原因是,每节课的内容设置太多,很多内容压缩在一起,不太注重学生的课堂体验。口语课还好一点,阅读课互动很少,完全是老师在讲学生在听,总是在赶进度。"

S18 来自社会与发展学院的社会学专业,在校外参加国际注册会计师考试培训。她说:"我们的面授老师每次上课需要从河北飞来南京,可能是为了节省成本,一般安排在周末两天进行集中授课,上课时间从早 8 点到晚 8 点。这样的安排导致学习内容太多了,脑子装不下,但是因为心疼学费,我也只能硬着头皮听下去。而且我是跨专业考证的,没有所谓的专业功底,学起来特别吃力。老师默认学生是有一定基础的,所以他一个月可能要上正常进度两到三个月的课程。如果你没有知识储备,就跟不上,课程安排实在是太赶了。"国际注册会计师考试是经济学领域的职业资格考试,需要学生有一定的经济学功底和较好的英语水平。S18 来自社会学专业,虽然前期自学了一些财会知识,但在考证课程面前依然显得基础欠缺。因此,S18 在这一学习过程中承受着巨大的学习压力。

速度型质量缺陷主要是由节奏过快或者师生缺乏互动造成的。校外非正规教育一般让位于学校教育,学生主要利用课余和周末时间学习。由于课程时间不够充分,而且要照顾所有学员的共同时段,不少课程将教学内容压缩在有限的时间内,进行紧凑的排课。这样一方面可以节约师资,另一方面也能满足学生的时间需求。所以,集中在某段时间进行密集的知识传授,成为非正规教育的常态。但这种简单粗暴的安排,也让学生在紧张的课程学习中失去了互动和消化知识的机会,导致学习满意度下降。

二、条理型质量缺陷

S13 来自心理学院的心理学专业,在校外学习钢琴。她说:"我们学校上课的老师会有教案,但是培训机构的老师好像没有备课,而是根据学生的学习情况来安排。我觉得这种做法太随意。主动性强的学生可能会自觉地完成任务。但是对于一些不太自觉的学生来说,他们不能好好配合,课堂节奏会被打乱,然后老师自己也混乱了,会浪费不少时间。事实上那些主动性强的学生不得不迁就那些不自觉的学生。所以我觉得老师应该根据学生的情况,提前制订计划,坚定地执行计划。"

课堂是教师的教与学生的学"共在"的双边活动,教师与学生的互动关系,影响着课堂教学效果。教师需要彰显教学的逻辑性、手段的多样性以及教学语言的精准性,从而积极影响学生的学习效果。[①] 但是在非正规教育中,教师没有教学计划或者随意更改教学计划的状况较为常见。特别是在小团体的课程学习中,教师往往将教育教学看成一种非正式的组织活动,倾向于简单地、随性地开展教学,各项教学安排过于随意。

三、深度型质量缺陷

S10、S13 和 S14 体验到了非正规教育的深度型质量缺陷。S10 来自教育科学学院的高等教育学专业,在校外学习钢琴。她说:"我本科是学前教育专业的,本科的钢琴课程让我非常喜欢,所以想报班考级。现在校外非正规教育机构的培训老师,一般会让我在课上把一首曲子完整地弹下来。但之前我上的课并不是这样的,以前的老师先是把其中的难点示范弹一下,着重解决难题,然后再布置课下练习。而这里的老师不区分重难点,就让学生从头弹到尾,浪费了好多课堂时间。没有专业上的指导,没有原理性的东西,感觉就是在耗课时。我特别喜欢我本科时上课的老师。她非常认真负责,能看出来学生练琴的问题究竟在哪里,而不是像培训老师,只是简单地告诉你哪里弹错了,而不说为什么会出现这个错误。这样一对比,就觉得培训老师讲得太少,只追求把曲子完整弹出来,所以学不到什么真东西。"

S13 是一个资深的钢琴学习者,她说:"我学习钢琴很久了,也早就过了钢琴十级。我觉得我接触的非正规教育机构的培训老师大都处于中等水平,老师虽然会跟你讲一些钢琴知识,但是比较教条,没有涉及实际演出的高端技巧,比如

---

① 文学舟,梅强,关云素.高校本科专业教学效果影响因素实证研究 [J].高校教育管理,2019(1):110.

表演的情感色彩等。除了上课,我一般还会自学,到网上搜各种教程,开阔眼界。我觉得培训老师的课还需要改进,应该增加一些观摩环节。"

S14来自心理学院的心理学专业,在校外学习英语。她说:"我明显感觉培训老师讲的深度不够。而且培训老师不仅讲得很慢,还讲得很零散,内容都是机械割裂的。但是我没有办法换老师,所以觉得没学到什么东西。"

非正规教育中很容易出现教师讲解知识深度不够的缺陷。一方面,教育培训侧重于知识与技能的传授,以"短平快"优势来吸引生源。这可能会导致"物极必反",仅仅注重应试层面或者技能习得层面,而缺乏原理性、拓展性的教学内容,显得过于肤浅。另一方面,为了吸引更多的学员,培训机构没有相应的学员准入门槛,导致学员在学识能力方面差异很大。这样就会造成,同样的内容对于不同学习基础的学生来讲,难度系数有所差异。而培训机构为了减少生源流失,往往会降低知识难度,以避免学员产生畏难和失落情绪。

四、效度型质量缺陷

S11和S20体验过非正规教育中的效度型质量缺陷。S11来自文学院的文艺学专业,在校外学习Python编程。她说:"校外培训机构虽然教的是知识'干货',但我们更想学会实际操作。而且编程要基于一定的操作环境,没有系统就没办法运行。比如我想统计论文中某个词的词频,就没办法在自己的电脑上直接进行,所以觉得学了这门课还是不会用,或者没法用。"

S20来自法学院的法律专业,在校外学习Photoshop制图与CAD制图。她说:"有的校外培训课程明明是面向大众的,却没有考虑我们这种初学者的无助。我刚开始想学习软件操作,就找了课程来学,结果根本听不懂,只能一次次尝试。所以强烈要求校外培训课程标明适用对象,不要笼统说面向大众,把所需要的知识基础写清楚,否则不小心报了课,浪费了时间精力还学不会。"

在课程设计与内容编排时,学生的实际情况与学习需要,往往是课程实施者需要考虑的问题。如果对于学生的前期考察不够充分,非正规教育机构设置的课程往往会与学生的知识基础不适合,就不能达到很好的教育效果,失去了教育的效度。上述两位访谈对象提到的都是应用技术性学习,这在终身学习时代是普遍性的教育需求。其中的编程也越来越成为当下的热门技能,是符合时代潮流的学习内容。非正规教育的课程设计与内容编排需要匹配学生的实际需要和实际能力。比如,S11吐槽的是编程学习中缺乏直接案例供借鉴,只能按部就班地全面学习；S20抱怨的是招生宣传中"面向大众"一词过于含糊，导致新手浪费了时间精力还学不会。为了促进"人—课"匹配，非正规教育机构需要全面了解学生的需求和能力，提供充分的咨询和帮助，为学生打造适合的课程。

五、风格型质量缺陷

S14和S17体会了非正规教育中的风格型质量缺陷。S14来自心理学院的心理学专业，在校外学习英语。她说："我在这家机构报过两次班……刚开始教我的那位老师我很喜欢，但后来换了老师，明显感觉讲的深度不够。之前的那位老师会把整篇文章的考点都讲到，讲得也很快；现在这位老师讲得很慢很零散，讲的内容都是割裂的。"可见S14喜欢"详细而精快"的讲解，不喜欢"零散而慢速"的教学。

S17来自社会与发展学院的文物与博物馆专业，在校外学习英语。她说："我也听过其他机构的课，但最喜欢现在培训机构的这位老师的风格。可能我是一个追求快乐的人，这位老师的课让我感觉很放松，有时老师还会讲一些很幽默的话，很符合我的口味。"

广义的教师教学风格，是教师教学艺术的风格，是教学过程中教师教学思想、教学艺术特点的综合；狭义的教学风格是指教师根据自己的个性特点经常采用的教学方法，或者教学过程中所应用的教学策略。[1] 教学风格在某种程度上是教师个人的"名片"，与教师的个性、习惯、经历等相关，这也决定了教师的教学风格具有个性化色彩。研究表明，如果学生对教师的教学风格给予积极评价，那么学生对教师就有较高的满意度，更愿意与教师进行沟通。[2] 可见，教学风格是影响学生学习体验的重要因素。但从非正规教育的现实来看，这种契合很难实现。一方面，非正规教育的学员来源广泛，他们的学习能力、知识基础、学习习惯等都有很大差异，教师很难全面了解学生。另一方面，报班之前的课程介绍很少展示教师的教学风格，即使有也会过度美化，导致学生难以根据自己的喜好选择合适的教师。但是从理论上讲，教师教学风格应当成为教育质量控制与管理的一个方面，应当注重师生风格的契合。如何实现教师教学风格与学生学习风格的匹配，既是学生在教育选择中需要考虑的因素，也是教育培训机构开展质量保障需

---

① 陈珊珊. 国际视野下高校教师教学风格三大主流类型 [J]. 江苏高教，2017（6）：57.
② 陈珊珊. 国际视野下高校教师教学风格三大主流类型 [J]. 江苏高教，2017（6）：57.

要重视的问题。

总之,硕士研究生非正规教育课程质量存在一些明显问题。比如,课程组织违背学习规律,集中安排授课,不注重学习交流;课程内容安排混乱;课程内容缺乏深度、脱离学生实际;师生的教学风格不匹配等。培训机构需要提高教师的教育教学素养,敦促教师不断改进课程内容和教学组织方式,以适应学生多元化的学习需要。

"硕士研究生非正规教育的质量缺陷"思维导图如图 8-2 所示。

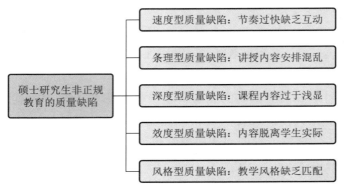

图 8-2 "硕士研究生非正规教育的质量缺陷"思维导图

第三节　硕士研究生非正规教育的自学质量保障

学生在学习中的自我质量保障非常重要。教育终归要落实到个体身上才能发挥作用,无数研究表明,个人的努力程度严重影响学习成效。尤其是在知识经济时代,人们通过学习来获得知识资本,"学会学习"越来越成为"学会生存"的基本技能,成为个体获得社会竞争力的法宝。那些能有效进行自我管理的人,具有更加长远的发展潜力。可见,学习质量的提升有赖于学生的自我质量保障,需要学生在观念、行为和情绪方面采取行动。

一、观念保障

人文社科类硕士研究生尤其需要在观念上兼顾"学以求知"和"学以致用"。马顿和萨尔乔的研究表明,学生的学习观以及对所学课程的认识,影响学生采用的学习方法。[①] 从非正规教育的动机来看,工具性价值凸显,也就是学生从功利性的角度来分析自身的教育需要,看重教育结果所带来的求职竞争力。这种"学以致用"观念源于"求职恐慌",尤其是对人文社科类硕士研究生来说,他们的就业方向较广,有多种就业选择的可能,却体现出"泛而不专"的性质,在职场上的"不可取代性"偏弱,竞争力不够强。为了"学以致用",人文社科类硕士研究生必须加强课外自学与职业规划的关联。在选择非正规教育的内容之前,要深入审视自身优势与不足,确定其与职业规划的关联度。当然,辨识关联度并不意味着"非关联不学习",而是要既重视强关联型的"专业资格考证",也不忽视弱关联型、旨在增强适应和调节能力的通用能力培养。同时,在非正规教育的具体过程中,应"以认知指导行为",端正学习态度。总体而言,非正规教育的自我质量保障,要求学生明晰自身优劣势,联系已有的教育与实践经历,在发挥专业特长的同时,重视学识能力的增长,兼顾"专才"与"通才"的自我培养目标。

硕士研究生需要兼顾"获取知识"和"培养能力"。学生在学习中往往过于关注知识的获取,导致"重知识轻能力"。比如在学习中以考试为导向,关注高频考点的识记,机械进行表层学习,就无法真正培养能力。学生应当关注知识与生活实际的联系,加强批判性探究与理解,努力追求"深层学习"。"能力旨向"的学习,更加强调思考、追问和实践。思考即充分展示思维能力,通过参与式学习实现积极思考;追求即拓展思考的广度与深度,通过广泛联系来建构更加开阔完整的知识体系;实践即将理论应用于现实,构建起知识和能力的关联。这样的思考、追问和实践,有助于学生形成扎实的能力素养,发挥非正规教育的能力提升作用。

二、行为保障

在非正规教育中,学生普遍存在学习管理的疏漏。很多访谈对象拥有目标管理的经历,但在"目标管理和规划策略的实施效果"方面自评较低。之所以"学习管理失灵",是因为自我管理的难度巨大。彼得·德鲁克在《21世纪的管理挑战》一书中认为,有伟大成就的人向来善于自我管理,而这些人毕竟凤毛麟角。但在今天,即使是资质平庸的人,也必须学习自我管理。[②] 科学的学习管理有助于培

① 吕林海. 大学学习研究的方法取向、核心观点与未来趋势 [J]. 教育发展研究, 2011(9):11.
② 〔美〕彼得·德鲁克. 21世纪的管理挑战 [M]. 朱雁斌,译. 北京:机械工业出版社, 2000:160.

养良好的学习心态,实现高效学习。

学习者需要落实对学习过程的管理,即学习准备、能力评估和行动监督。首先需要做好学习准备。所谓"预则立,不预则废",在开展学习管理之前,学生必须做好学业规划。要结合自身学习习惯,考虑学业任务安排,计算课余空闲时间,最终做出恰当的规划与安排。学业规划具有先导作用,通过分解学习任务、细化学业目标为学习的开展奠定基础。其次是做好能力评估。学生应当借助以往学习经验或学习评估工具,审查自身的学习管理能力,了解自主控制的阈值,识别学习管理的障碍,做到理性认识自己,扬长避短。最后是做好行动监督。学习需要行动力,但行动力又是一个"老大难"问题,学生常常面临多种困境而容易"心动无行动"。尤其是在非正规教育中,没有学校和老师的硬性要求与实时监督,行动力方面的挑战更大。为此,学生必须加强自我监控,既要监控学习任务的达成状况,也要监控主观努力程度,从源头上解决问题。在此基础上,应总结自身的学习成败,分析学习结果与努力程度的关联,以提炼经验教训,及时调整后续的学习策略。

三、心 理 保 障

在心理学和管理学中,激励被视为一种动力系统,诱使人们的行为发生。很多访谈对象直接或间接地提到了激励的力量。自我决定论认为,人们的行为动机需要经历内化的过程,外部动机可以逐渐转化为内在动机。当学生的学习动机还处在外部动机阶段,可以借助激励手段进行学习管理,比如自主设定奖励与惩罚措施,进行物质激励。而要实现学习动机的内化,就需要将激励手段从物质层面提升到精神层面,强调树立学习信念,注重学习的非功利性,用精神激励、情绪涵养、意志磨炼等方法,由内而外地激发学习动机。当然,动机激励也可以借助场域的力量,比如从学习共同体中汲取力量。

学生积极应对负面情绪利于保持情绪稳定。情绪是人们心理过程的重要因素,对学习有直接或间接的影响。研究表明,情绪能直接影响记忆,也可以通过引导和保持学生的兴趣,或者通过促进或阻碍学生的自我调节,影响到学生的学习成效。在非正规教育中,学生同样会经历挫败、沮丧、懈怠等消极情绪,这破坏了学习的主动性和坚持性。为了保持积极的学习情绪,学生必须采用科学的情绪调整策略。常见的有自我安慰法、认知调节法、情绪宣泄法、注意力转移法、环境转换法和运动调节法等。学生应当结合自身需求和特点,灵活选择恰当的情绪调节策略。此外,学生还可以进行合理的情绪宣泄,通过语言交谈、倾诉困难挫折、寻求外界安慰等方法,向外界争取情感支持。体现在行动上,学生既要进行学习情绪的"自救",也要进行"他救"。"自救"指学生提高情绪觉察能力,通过调整认知和积极归因,及时转换学习状态和思维方式,增强自信心和抗压能力。"他救"指学生主动与人交流,通过与同伴和老师等相关人员探讨学习困惑,借鉴学习适应技巧等方式,积极主动解决学习困境,提高积极情绪的唤醒水平。

总之,教育成效取决于个体的表现,硕士研究生接受非正规教育需要从观念、行为和心理层面进行自我质量保障。观念层面要关注实质性发展;行为层面要落实对学习过程的管理;心理层面要增强内在学习动机并保持积极情绪。

"硕士研究生非正规教育的自学质量保障"思维导图如图 8-3 所示。

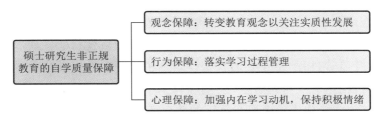

图 8-3　"硕士研究生非正规教育的自学质量保障"思维导图

第四节　硕士研究生非正规教育的办学质量保障

质量,简单来讲指产品的使用效果或优劣程度。近年来,随着教育评估的推进,教育质量保障越来越成为教育实践界和学术界共同关心的问题。随着"互联网＋教育"的发展以及学生非正规教育意识的觉醒,学生在校外培训学习越来越普遍。2017 年我国非学历教育的注册人数达 5465.67 万人,职业技术培训机构的注册人数达 4206.49 万人。[①] 面对如此庞大的受教育人口,提高教育培训质量势在必行。教育主管部门、校外培训机构以及一线培训授课教师,应提高认识,为学生提供高质量的教育。

---

① 教育部.中国教育概况——2017 年全国教育事业发展情况 [EB/OL].（2018-10-18）[2023-8-15].http://www.moe.gov.cn/jyb_sjzl/s5990/201810/t20181018_352057.html.

一、监管保障

行政监管有助于维护教育培训市场的良好秩序。市场性校外培训机构大多为私营主体,教育主办者具有完全的教育管理权利,国家介入较少。在以利益增收为生存前提的非正规教育中,部分校外培训机构违背教育本质,将教育活动完全等同于商业活动,甚至做出侵犯消费者利益的行为,比如虚假宣传、捆绑销售、质价不符等,扰乱了教育培训市场的秩序。在这种情况下,教育管理部门有必要采取行政手段,构建良好的教育消费环境。当前的行政监管只关注校外培训机构开办的准入标准,较少涉及教育经营的监管。以2018年国务院出台的《国务院办公厅关于规范校外培训机构发展的意见》为例,虽然规定了校外培训机构设立的条件,并在日常监管方面做出了规定,但并未涉及具体销售运营的内容。事实上,在教育培训领域,由于信息不对称,消费者往往处于弱势地位,很容易受到校外培训机构的误导。因此,教育管理部门作为维护教育行业发展的行政机关,应当完善教育监管过程,不仅要监督校外培训机构开办的标准化条件,而且要管理校外培训机构运营的合理合法性,明确营销手段的正当范围,规范教育实施过程。只有这样,才能构建一个风清气正的教育消费环境,保障学生的合法权益。

二、运营保障

校外培训机构在运营中需要针对现实问题积极加以改进。校外培训机构是真正落实和保障非正规教育质量的主体,在开办和运营方面具有绝对的控制权。访谈发现校外培训机构存在一些质量问题,比如硬件设计缺乏人性化、制度建设忽视配套支持,课程质量的教育性和专业性不足,师生之间和学生之间的互动缺乏环境条件保障,等等。有鉴于此,校外培训机构应完善制度建设,系统性提高教育教学质量。

首先,形成"质量制胜"的发展理念。校外培训机构应当革新教育销售观念,关注教育质量问题,严格把控教育实施的每一个环节。在学习越来越成为个人发展需求的情况下,口碑效应成为重要的财富,是校外培训机构吸纳生源的金字招牌。关注教育质量,注重学生的学习体验,应当成为校外培训机构赢得口碑的关键手段。为此,校外培训机构需要提升师资力量、优化课程设置、提高教育技术、加强服务支持,一手抓质量标准的把控,一手抓学生需求的满足,开展灵活机动的质量管理。

其次,加强过程性的学习支持。校外培训机构应当完善制度建设,健全学习支持服务系统。非正规教育中的学生可能面临多种艰难与困境,他们虽然是具有自主能力的成熟个体,但在正规教育与非正规教育兼顾的前提下,个体的自主性大打折扣,"一心二用"的教育效果更难保障。因此,建立和完善学习支持服务很有必要,有利于帮助学生提高学习的坚持性、取得更大的学习成效。学习支持包括学业进展的支持、学习方法的支持、学业提升的信息支持以及学习情绪的支持等。校外培训机构应当建立专门化的学习支持服务团队,通过现代信息技术手段,优化学习支持服务信息的搜集与反馈。同时,还要与学生建立紧密联系,做到渠道畅通、反馈及时,充当学生的坚强后盾。

再次,建设优秀的师资队伍。访谈发现,校外培训机构的教师教育教学素养上参差不齐,并不能很好地满足学生的学习需求。例如,有些机构在教师招聘中,没有要求师范生、教师资格证等,而仅仅关注教师的专业知识能力。除了招聘环节的缺陷,还存在时空条件的局限。大部分培训机构的课时有严格的规定,教师需要在有限的时间内完成某些内容的教学。相比于学校教育,校外培训机构对教师的教育教学素养要求更高,要求必须保证授课的效率效果。因此,校外培训机构在师资方面需要做好"招聘"和"赋能"工作。一方面,提高准入门槛,选拔教育教学素养高、教学能力强的教师入职。另一方面,为教师"赋能",比如利用技术手段帮助教师收集学生信息,建立学生档案;加强过程性的教学监控,建立教育教学反馈的评价机制;贯彻"以评促改"制度,促进教师对教学设计、教学管理的重视,着力提高学生满意度。

最后,彰显教育属性,避免唯利是图。教育培训同样需要回归教育本质,关注学生发展。营利性非正规教育具有教育公益性与产品营利性的双重属性。在利益驱使下,个别校外培训机构会侧重于盈利,但教育活动不是商品交换的商业活动,而是致力于人的完善。教育性也意味着人的互动性,意味着关怀。[①] 校外培训机构只有关注学生发展,以学生为中心,彰显教育的关怀精神,才能赢得学生的认可与支持,在市场竞争中赢得良好口碑。回归教育本心不仅需要校外培训机构在发展理念上考虑教育的育人功能,也需要关注学生发展,了解学生在学习过程中的所思所想,切实为学生学习提供人性化的服务。

---

① 王建华. 论人类的教育 [J]. 清华大学教育研究,2014（2）:28.

三、教学保障

教师的教学表现严重影响教育质量。德雷克·博克在《回归大学之道：对美国大学本科教育的反思与展望》一书中指出，大学教授的行为决定了大学生的学习内容及方向。[①] 教师是教育活动的重要参与者，是知识传授的主要责任人，对学生的学习发挥着重要影响。可以说，教师是影响学生学习效果的重要因素，教师的个人努力与策略改进，对教育质量的提高具有立竿见影的效果。访谈发现，非正规教育中学生对于教师的不满主要体现在教学规范、教学素养及师生交往方面，因此需要教师优化教学策略、加强师生交往。

教师应优化教学策略。在非正规教育尤其是大规模的网络课程中，教师很容易进行类似"大锅饭"式的笼统教学，忽视不同基础和不同学习习惯的学生特征，存在教育教学的针对性缺陷。为了解决这个问题，教师必须提升教学素养，科学组织教学内容，整合教育资源，增强教学机智，提升学生的课程学习满意度。

教师应加强师生交往。当前校外培训机构以促进学生某方面知识与技能的增长为教育使命，注重知识技能的习得，而较为忽视师生交流。但对于学生而言，这种自行购买的非正规教育，跟学校教育相比，更具有趣味性或挑战性。有些同学感受到趣味性，更愿意将教师看作平等的交往伙伴，愿意与教师进行专业知识及其他相关内容的探讨，期待师生之间和学生之间有充分的互动。有些学生有危机感，比如基础缺乏、没有足够的时间精力、学习效果低下等，因而期待老师进行帮扶。对于前者"期待友谊型"学生，教师要重视师生交往的价值，加强情感交流，通过有效交往来展现人格魅力，引导学生持续学习。对于后者"需要帮扶型"学生，教师需要发自内心地关心关爱学生，帮助他们应对学习困境和学习适应等问题，及时而积极地予以帮扶。[②]

总之，校外培训机构需要从监管、运营和教学方面进行质量保障。教育管理部门需要完善监督机制，规范教育活动；校外培训机构需要提升质量文化、提供学习支持等；教师需要优化教学策略，加强师生交往。

"硕士研究生非正规教育的办学质量保障"思维导图如图8-4所示。

① 〔美〕德雷克·博克. 回归大学之道：对美国大学本科教育的反思与展望[M]. 侯定凯，梁典，陈琼琼，译. 上海：华东师范大学出版社，2008：19.
② 龚少英，韩雨丝，王丽霞，等. 任务价值和学业情绪与网络学习满意度的关系研究[J]. 电化教育研究，2016（3）：77.

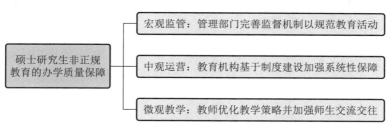

图 8-4 "硕士研究生非正规教育的办学质量保障"思维导图

第五节　硕士研究生非正规教育的总体质量"黑箱"

硕士研究生非正规教育的状况,通过日常观察和质性访谈,虽然可以发现一些问题,但总体质量尚难把握,需要进一步进行调查研究。

一、现象是否普遍存在

从学习现象方面来讲,学校教育具有外显性,人们可以通过教师、课堂、成绩、证书等外显性教育要素判断教育活动是否发生。与此类似,非学历教育作为学历教育的对应物,也是在各类教育机构内开展,有固定场所、固定时间等要素,据此可以判断其是否开展。但非正规教育相对更加隐蔽,不仅外人不打听不知道,而且当事人可能也没有把自己的闲暇学习上升到教育的高度。这样造成的后果是,人们往往会忽视非正规教育,不能认识到它的意义,甚至不能辨识它的存在。这就很难满足知识经济时代和终身教育社会人们对于非正规学习的真正需求。对于硕士研究生而言,他们处于学校教育的最高层次,有全面发展的需求,在非正规教育方面大有可为。即使其在非正规教育中的所学内容与专业无关,也能起到缓解学业压力、增添生活情趣、提升自我效能感等作用。因此,虽然很难判断硕士研究生非正规教育是否普遍存在,但仍然期待它能够蓬勃发展,为硕士研究生的成长起到更好的弥补和支撑作用。此外,一种倒逼趋势正在形成。当前的网络教育在基础教育阶段发展得如火如荼,很多青少年接受线上教育,使得网络课程和学校课程一样成为部分中小学生的双重配置。同时,社会上成年人的网络学习也变得极为普遍。可见,中国的终身教育社会正在形成,各种非正规教育蔚然成风,这也会倒逼硕士研究生非正规教育蓬勃发展。

二、个体需求有何差异

硕士研究生非正规教育的学习需求涵盖了哪些群体？是什么因素影响着他们的需求？这些问题值得调查和分析。一般而言，金钱、时间及信息的获取对于硕士研究生非正规教育的选择具有直接影响。比如，经济能力强者，可以购买高端的教育产品，为自己赋能；时间精力充裕者，可以参加非正规学习，弥补学校教育在某些方面的缺陷。这里需要特别强调的是信息的获取，因为即便学生具有发展的愿望，甚至具备金钱和时间等外在条件，也未必会选择非正规教育。其中一个重要影响因素是信息的获取，比如没有发现学校教育之外的教育空间，没有非正规教育的直接经验或间接经验，忽视了非正规教育对于实现个体潜能的意义。所以，在某种程度上说，学校需要引导学生关注个体全方位的可持续性发展，并通过多种途径开阔学生视野，帮助学生拓展学习渠道，以缩小家庭社会资本差异给个体成长带来的差距。虽然硕士研究生是自身发展的主要责任人，但学校作为教育的主渠道，也要扮演好引导者的角色。

三、学习困境如何应对

访谈中令人感到最沉重的部分当属访谈对象对于学习困境的描述。非正规教育虽然不具有强制性，但它依然具有教育的诸多共性，也有一定的学业挑战度。硕士研究生如何应对非正规教育中的学习困境是一个值得探讨的重要问题。访谈中，学生提及的对策往往与交流和监督相关，学生希望有足够数量和质量的交流（包括同学之间的交流、师生之间的交流、与教学辅助人员之间的交流）以及打卡制度、经济上和精神上的奖惩等外在监督。这些对策是访谈对象的建议，也被认为是行之有效的。而且，从马斯洛需求层次来看，交流满足了人们社交的需要、尊重的需要，可以让访谈对象在非正规教育中"变得更好"。但是，访谈调查出的方向迷茫困境、模式适应困境、畏难困境、倦怠困境、进阶困境、弃学困境、学业情绪困境、学习效能感困境等又都指向了访谈对象的自我修炼，他们需要自我救赎。所以，硕士研究生非正规教育中的学习困境突破要进行方向性抉择。一种是内求法，把自己真正视为成年人，彰显责任和担当、自律与执行，通过自我修炼来实现自我教育。另一种是求诸于外，向学校教育尤其是基础教育阶段的学校教育看齐，需要同学、班主任、各层级教育辅导部门或辅助人员的监管，通过外在力量带动自己前行。这两种方式无所谓孰优孰劣，因为不同学生的激励偏好各不相同。然而,从一般原理上讲,内求法应用得越普遍越好,毕竟硕士研究生的非正规教育从开始就具有自我建构性,外在人员和影响力量都处于次要地位。

四、学习成效如何检验

硕士研究生非正规教育的成效如何评价?这需要构建学习成效评价的分析工具,并区分学校教育与非正规教育的共同性和特殊性。硕士研究生非正规教育中的学习成效因人而异,毕竟学习具有个体性。某种程度上说,硕士研究生在非正规教育中很容易实现努力的累积、优秀的累积,从而导致"马太效应",优秀的人更加优秀。

五、学习机制有何启示

硕士研究生非正规教育研究对学校教育也有启发意义。比如,在教育选择方面,学校教育是否尊重了学生的选择权?在学生极其有限的教育选择中,这些选择是否理智,是否源于个人兴趣,是否源自"取长"或者"补短"的斟酌,是否源自身份觉醒,是否受到同伴、以往学校教育和社会风气的影响,是否体现了实用价值、标签价值、场域价值?在课程质量方面,大学教师专业素养水平如何?课程内容质量如何?教师在教学中能否形成了轻松自在的氛围,能否激发学生积极主动地参与?虽然学校教育和非正规教育差异显著,但在促进学生学习方面具有一致性,所以,二者应互相汲取对方的长处。与此同时,家庭教育要关注培养孩子的终身学习能力,对子女的学习进行激励、引导和帮助;社会要营造良好的学习氛围,减少不良风气的影响,打造学习型社会。

总之,多元学习渠道为学生的成长提供了诸多机会。硕士研究生非正规教育越来越普遍,尤其是语言类、艺术类、资格考试类及特定专业领域的技能培训得到了蓬勃发展,但人们对其发展状况仍然缺乏足够的了解,比如,硕士研究生非正规教育是否普遍,不同个体的需求有何差异,学习困境如何应对,这些都需继续进行调查与研究。

"硕士研究生非正规教育的总体质量'黑箱'"思维导图如图8-5所示。

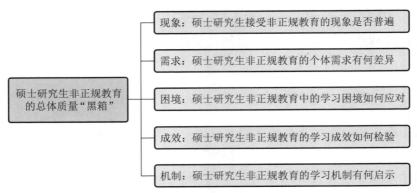

图 8-5 "硕士研究生非正规教育的总体质量'黑箱'"思维导图

结　语

随着互联网技术的发展、知识经济时代的到来,我国的"互联网＋教育"获得了蓬勃的发展。在以知识为资本的社会中,知识焦虑成为现代人的一大特征,硕士研究生也不例外。在学习与就业压力的双重困扰下,非正规教育日益成为硕士研究生谋求个人发展的一种普遍性的教育选择。因此,关注硕士研究生在非正规教育中的表现和收获,具有一定的现实意义。硕士研究生参加非正规教育看起来门槛低、效率高、能满足多种需要,但它的效果是否尽如人意、是否存在问题与困境,值得开展研究予以解答。

本书研究以学生体验为切入点,以 N 校人文社科类硕士研究生为调查对象,通过目的性抽样选取 20 位硕士研究生开展质性访谈,搜集关于硕士研究生非正规教育的第一手资料。

一、研究的创新之处

(一)针对"非正规教育研究"的创新

本书以非正规教育为研究对象,在研究主题、研究方法和研究视角上具有新意。

首先是研究主题的创新。目前国内关于非正规教育的研究尚未成熟,研究基础薄弱,研究主体分散。这导致非正规教育的研究主题较为陈旧,主要集中在以实践为指向的科学教育、汉语教育与网络教育方面的研究,以及思辨性的关于非正规教育发展模式的研究,研究视野过于狭隘,研究深度存在欠缺,不能反映发展变化和不同群体的特征。而本书研究硕士研究生非正规教育的体验,拓展了研究对象,具有研究主题方面的新意。

其次是研究方法的创新。从研究方法上看,国内非正规教育研究大多是描述性分析,即便有实证研究也止步于现状调查,研究的深度不够。而本书研究主要运用质性访谈的方法,对硕士研究生非正规教育进行了系统性探讨,在方法上体现出一定的新颖性。

最后是研究视角的创新。从研究的主体来看,国内非正规教育研究大多从教育本身出发,重"教"而轻"学"。从学生视角出发进行教育问题的研究更能回归教育本身,对于践行以学生中心、促进学生发展具有重要价值。本书从学生视角研究非正规教育,具有新意。

(二)针对"研究生教育研究"的创新

本书关注"硕士研究生非正规教育"这一研究对象,具有一定的新颖性。目前教育领域特别是高等教育领域,大部分研究关注教育主办者,关注学生视角的研究相对较少。学生作为教育活动的重要参与者,是教育制度、教育环境的真正体验者,他们的体验能真切地反映出教育活动的适切度,是教育实施精准与否的"晴雨表"。因此,从学生视角关注教育实施,应成为教育研究的重要视角,教育政策制定者和教育实施者应予以重视。本书研究期望通过对学生体验的展示和剖析,进一步强化人们对于"学生中心"的认识,让学生视角成为教育改革的重要参考依据。

二、研究的遗憾与不足

研究本身是一场理想与现实碰撞的冒险,本书研究也存在一些不足。

(一)研究推广带有局限性

质性研究以研究者为研究工具,不同的访谈对象有不同的经历与观点,所以无法实现普遍意义上的推广,只能获得具有类似经历者或读者的情感共鸣。虽然本书结论具有小众意义,但体验本身具有个体性,同样的内容体验存在不同的感受,教育者应当冷静对待结论,将其作为一种民意调查,用以更好地理解学生的诉求。

（二）研究对象的分布不够均匀

本书研究选取人文社科类硕士研究生作为研究对象，但样本分布不够理想，各学院访谈对象的数量不够均匀。笔者在征集访谈对象时尽量尊重访谈对象的个人意愿，采用招募令的方式，通过网上征集来获取访谈对象。网上征集虽然便捷高效，但也存在回应率差异，部分学院学生的参与度不高，导致访谈对象分布不均。

（三）访谈深度存在局限

笔者在进行访谈时，大部分访谈对象不愿意进行深入交流，主要是因为部分访谈内容涉及个人对机构或他人的评价，访谈对象会有一定的抗拒心理。有鉴于此，笔者通过迂回的方式进行了访谈，导致访谈结果的针对性不足。

参考文献

[1] 〔美〕隆恩·弗莱.如何学习〔M〕.蔡朝旭,译.广州:新世纪出版社,2001.

[2] 〔美〕约翰·D.布兰思福特.人是如何学习的:大脑、心理、经验及学校〔M〕. 程可拉,孙亚玲,王旭卿,译.上海:华东师范大学出版社,2005.

[3] 〔美〕本尼迪克特·凯里.如何学习:10—90岁都能掌握的高效学习法,成就 你的终身学习力〔M〕.玉冰,译.杭州:浙江人民出版社,2017.

[4] 〔美〕Barbara L McCombs, James E Pope.学习动机的激发策略:提高学生的 学习兴趣〔M〕.伍新春,秦宪刚,张洁,译.北京:中国轻工业出版社,2002.

[5] 〔德〕威廉·狄尔泰.历史中的意义〔M〕.艾彦,逸飞,译.北京:中国城市出 版社,2002.

[6] 〔法〕皮埃尔·布迪厄,〔美〕华康德.实践与反思:反思社会学导论〔M〕.李 猛,李康,译.北京:中央编译出版社,1998.

[7] 〔日〕平冢益德.世界教育辞典〔M〕.黄舫诚,夏风鸢,等,译.长沙:湖南教 育出版社,1989:107.

[8] 〔美〕菲力浦·孔布斯.世界教育危机:八十年代的观点〔M〕.赵宝恒,李环, 等,译.北京:人民教育出版社,1990.

[9] 〔美〕德雷克·博克.回归大学之道:对美国大学本科教育的反思与展望〔M〕. 侯定凯,梁典,陈琼琼,译.上海:华东师范大学出版社,2008.

[10] 朱小曼.情感教育论纲〔M〕.南京:南京出版社,1993.

[11] 裴娣娜等.发展性教学论〔M〕.沈阳:辽宁人民出版社,1998.

[12] 陈向明.质的研究方法与社会科学研究〔M〕.北京:教育科学出版社, 2000.

[13] 陈向明.在行动中学作质的研究［M］.北京：教育科学出版社，2003.

[14] 张大均.教育心理学［M］.北京：人民教育出版社，1999.

[15] 张铃，王惠连.大学生学习方法概论［M］.北京：中国计量出版社，2000.

[16] 董研.学业情绪与发展：从学业情境到学习兴趣的培养［M］.合肥：安徽教育出版社，2012.

[17] 陈双，刘小娟.发达国家高等非学历教育的发展特点及其启示［J］.比较教育研究，2009（11）：71-75.

[18] 詹鑫.发展中国家非正规教育的组织、实施和条件保障［J］.继续教育，2004（4）：56-57.

[19] 孙诚，张晓光.中国非正规高等教育与正规高等教育同等学历认证探索［J］.大学：研究与评价，2006（12）：21-24.

[20] 王慧.我国高校成人非学历教育管理模式的探讨［J］.中国成人教育，2014（15）：30-32.

[21] 陈乃林，孙孔懿.非正规教育与终身教育［J］.教育研究，2000（4）：20-23.

[22] 张明礼.科学认识非正规教育和非正式教育的地位和作用［J］.中国成人教育，2000（3）：7-8.

[23] 史志谨，李彦平.终身教育理念下我国“成人教育”概念的发展与建构［J］.当代教师教育，2010（2）：79.

[24] 顾晓波.成人非正规教育：概念、背景及若干思考［J］.职教论坛，2005（31）：28-31.

[25] 徐林.非正规教育面临的问题和挑战［J］.中国青年研究，2005（9）：14.

[26] 庞本.浅谈高校非学历教育的管理［J］.北京教育：高教版，2003（6）：44-45.

[27] 胡晓源.基于信息化教育的非正规学习系统构建研究［J］.中国电化教育，2013（7）：124-126.

[28] 胡天佑.我国教育培训机构的规范与治理［J］.教育学术月刊，2013（7）：14.

[29] 〔澳大利亚〕科林·莱切姆.基于成效的远程开放非正规教育项目质量保证［J］.开放教育研究，2014（3）：10-17.

[30] 孙冬喆，吴遵民，赵华.论学分银行建设与自学考试制度转型［J］.开放教育研究，2012（6）：40-44.

[31] 王建华.论人类的教育［J］.清华大学教育研究，2014（2）：28.

[32] 谷贤林.大学生发展理论［J］.比较教育研究，2015（8）：28.

[33] 吕林海.大学学习研究的方法取向、核心观点与未来趋势 [J].教育发展研究,2011（9）:11.

[34] 王磊,黄鸣春.科学教育的新兴研究领域:学习进阶研究 [J].课程·教材·教法,2014（1）:112-118.

[35] 张娜.国内外学习投入及其学校影响因素研究综述 [J].心理研究.2012（2）:83-92.

[36] 路海东,张丽娜.自我调节学习的研究进展与趋势 [J].东北师大学报,2011（6）:145-149.

[37] 邓敏.大学生学习效能感与消极学习行为的改进分析 [J].教学研究,2014（6）:7-10.

[38] 李洁,宋尚桂.大学生学业自我效能感、学业情绪与学习适应性 [J].中国健康心理学杂志,2013（9）:1429-1431.

[39] 张家军.论学生同辈群体的作用及其实现机制 [J].当代教育科学,2009（11）:50.

[40] 龙君伟,曾先.论同辈学习环境及其作用机制 [J].教育理论与实践,2004（12）:49.

[41] 高洁.在线学业情绪对学习投入的影响——社会认知理论的视角 [J].开放教育研究,2016（2）:89-95.

[42] 郝珺,蔡海飞.大学生网络学习行为实证研究 [J].高教探索,2018（2）:41-44.

[43] 李玉斌,武书宁,姚巧红,等.大学生网络学习行为调查研究 [J].电化教育研究,2013（11）:59-65.

[44] 王清玲,易蓉.美国"学生发展"的理论和实践对我国高校学生工作的启示 [J].中国电力教育,2009（16）:206-209.

[45] 蔡国春.美国高校学生事务管理专业化的发展及其特征 [J].扬州大学学报:高教研究版,2002（1）:73-76.

[46] 〔美〕克里斯汀·仁,李康.学生发展理论在学生事务管理中的应用——美国学生发展理论简介 [J].高等教育研究,2008（3）:19-27.

[47] 陈佑清.体验及其生成 [J].教育研究与实验,2002（2）:11.

[48] 张华.体验课程论——一种整体主义的课程观(下) [J].教育理论与实践,1999（12）:38-44.

[49] 秦亚青.建构主义:思想渊源、理论流派与学术理念[J].国际政治研究,2006（3）:15.

[50] 陈珊珊.国际视野下高校教师教学风格三大主流类型[J].江苏高教,2017（6）:57-62.

[51] 陈祖鹏.师生交往的实践困境及其超越——解释学的视角[J].中国教育学刊,2019（9）:53-57.

[52] 周芳.当代大学教育交往:师生交往问题的研究与对策[J].扬州大学学报:高教研究版,2005（1）:87.

[53] 赵春鱼.高校课程质量评价存在的问题及其改进:基于全国49所高校的现状调查[J].教育发展研究,2016（23）:44-51.

[54] 陈明学.高校青年教师教学能力提升策略探讨[J].江苏高教,2016（2）:110-112.

[55] 王进,汪宁宁.教育选择:理性还是文化——基于广州市的实证调查[J].社会学研究,2013（3）:77.

[56] 王文晔.创新教育初探[J].河北师范大学学报:教育科学版,2000（4）:106.

[57] 莫国芳.菲律宾的非正规教育概况[J].成人教育,1998（7）:46.

[58] 惠巍.印度的非正规教育[J].外国教育研究,1997（1）:33-35.

[59] 韦欢欢.联合国教科文组织学习成果认证的理念、机制与方法[D].杭州:浙江大学,2017.

[60] 王亮.非正规学习成果认证体系构建研究[D].北京:北京工业大学,2016.

[61] 孙冬喆.中国学分银行制度建设研究[D].上海:华东师范大学,2014.

[62] 孔蒙.基于学生发展的高校事务管理研究[D].济南:山东师范大学,2015.

[63] 马超.20世纪美国大学学生事务研究[D].南京:南京师范大学,2007.

[64] 孟亮.基于自我决定理论的任务设计与个体的内在动机:认知神经科学视角的实证研究[D].杭州:浙江大学,2016.

[65] 好运.泰国非正规教育中的汉语教学研究[D].北京:中央民族大学,2016.

[66] 赵婉彤.泰国非正规教育学校成人汉语教学实践研究[D].长春:吉林大学,2015.

后　记

　　作为"70后"，我个人的教育经历非常简单，很少涉足非正规教育领域。

　　我在读书时，兴趣班、专项知识辅导或付费技能培训尚未大面积流行，我自己用心学习就能顺利升学或考试过关；再就是我来自工薪家庭，也没有购买教育服务来辅助学习的观念。工作后过于忙碌，我即便对教育消费抱有热情也只能暂时搁置。在我的记忆中，值得提及的非正规教育经历仅有两次：一次是在博士后阶段参加的公共英语等级考试第五级（PETS-5）的口语与写作课程培训，另一次则是因疫情而中断、仅维持了三个月的健身房私教课程。

　　我的姐姐同样是"70后"，但她却在老年大学广泛涉猎各类课程，她的学习热情令我敬佩。我期盼着退休之后也能像她一样尝试心仪的课程。而我的孩子阅历更加丰富，参加过各种兴趣班或培优课程。

　　从我的角度看，非正规教育满足了个人的精准教育需求，提供了耐心的指导，能够助力学习或者实现学习愿望；但从孩子的角度来看，非正规教育是名副其实的"影子教育"，成为他们学业之外的额外负担，既是学习的"抢跑"和"开挂"，也是量身定制的素质拓展工具。面对不同年龄段对非正规教育的不同理解和处理方式，我很好奇硕士研究生这一群体如何看待和处理非正规教育，希望了解他们在这一领域的实践、思考、收获与烦恼。

　　在日常教学过程中，我观察到硕士研究生对非正规教育具有迫切的需求。由于读研动机的多元化，许多硕士研究生在学习与生活中并未完全聚焦于学术，而是兼顾了多方面的素质拓展。再加上硕士研究生的专业课课时相对较少，有充足的时间和充分的自主决策权，让他们有机会选择非正规教育，主动学习自己心仪的内容。观察发现,硕士研究生对参加校外非正规教育的积极性很高。我希望了解他们在非正规教育中的学习状况,并探究非正规教育具有哪些优点吸引了他们,以期对学校教育的改进提供启示。在研究过程中,我们深感非正规教育领域的研究基础较为薄弱。尽管生活中有许多教育付费的现象,但缺少专门的理论来系统分析其影响机制,对于教育消费者的洞察和帮扶还不够精准。

本书基于 NVIVO 软件对 20 份访谈实录进行分析后发现,学生在非正规教育中面临多种困境和挑战,如迷茫、不适、畏难、疲倦和挫败等。这些困境与非正规教育的特性有关:学生选课主要出于兴趣爱好、取长补短和获得光鲜的标签等学习动机,对学习存有较多的需求、期待和幻想。然而,一旦经历实践检验,他们可能会很快发现自己并不擅长或者并非真正喜欢所学内容,导致"叶公好龙"式结局。此外,学生对督促制度的依赖也令人遗憾,因为仅仅通过加强督促来实现终身学习显然是行不通的。总体而言,当前硕士研究生的非正规教育存在一定的激情消费性质,学习过程虎头蛇尾,高期待与高失望并存,既归罪于外又惭愧自责,学习效果很难保证。本书解释了硕士研究生非正规教育中的一些机制问题。各章的研究结论形成了一个完整的内容框架,包括学习动机、设施条件、制度规范、人际交往、学习困境、学习策略和质量保障等方面。这些内容可以被视为一种基于经验的理论概括,有助于解释终身教育和学习型社会中的个体学习境遇。本书还呈现了非正规教育机构的设施优势、课程优势和制度优势,为非正规教育及学校教育的改进提供了一定的参考。本书也存在明显的不足之处。虽然笔者访谈了 20 位硕士研究生,但由于他们所参与的非正规教育差异较大,将各种类型和各个领域的学习经历放在一起论述,就会出现针对性不足的问题。由于个案之间缺乏可比性,相关研究结论也很难具有代表性和推广性,体现出质性研究的局限性。

本书的出版首先要感谢我的博士生导师别敦荣教授的鼓励。在我先前出版的《教育学硕士研究生的学习问题研究》一书中,别敦荣教授为我撰写了序言。当他知道我正在撰写《硕士研究生非正规教育探微》时对我进行了积极的鼓励,此书的出版让我得以践行承诺。这本书也是我和我的硕士研究生靳娜共同的研究成果。靳娜曾跟随我读硕士研究生三年,我们建立了深厚的师生情谊。她本科就读于福建师范大学教育学系,学术功底扎实。读研后有精力发展自己的兴趣爱好,热爱徒步、摄影和文艺生活,这使她在非正规教育方面具有一定的研究优势。她开展了质性访谈和资料处理,我衷心感谢她对本书的贡献,并祝愿她在运城幼儿师范高等专科学校任教愉快,家庭幸福!我还要衷心感谢本书的责任编辑滕俊平女士,她为本书的顺利出版付出了辛劳和努力。最后,感谢所有的受访人,感谢家人、同事和学生对我的关爱,祝愿我们都能得益于非正规教育,获得更好的教育"性价比"。

陈何芳

2023 年 9 月